*Für die Stadtmissionare
in den Teams von
Jugend mit einer Mission
in der ganzen Welt*

Unsere Städte für Gott gewinnen

John Dawson

Jugend mit einer Mission
VERLAG
Postfach 144
CH-2500 Biel 8

Orginaltitel: Taking our cities for God, How to break spiritual strongholds Erschienen bei:
Creation House, Strang Communications Company, 600 Rinehart Road, Lake Mary, FL 32746
Aus dem Englischen übersetzt von: Monika Gibbs

1. Auflage September 1991

Umschlaggestaltung und Satz: Eva Stopper-Prader
Druck: St. Johannis-Druckerei, Lahr

ISBN 3-906568-01-6

Ich möchte meinen Eltern, Jim und Joy Dawson, danken, die mich gelehrt haben, Gott kennenzulernen und andere mit Ihm bekannt zu machen; Loren Cunningham, der mich gelehrt hat, in großen Zusammenhängen zu denken; und Winkie Pratney, der mich gelehrt hat, die menschliche Kultur mit Mitgefühl zu studieren.

Ich bin Andy und Marcia zutiefst zu Dank verpflichtet, daß sie die Leitung meines Büros übernommen und dieses Manuskript getippt haben, wie auch meiner lieben Frau Julie und unseren Kindern David, Paul und Matthew. Dieses Buch ist auch ihre Geschichte.

Inhaltsverzeichnis

Vorwort

Inmitten des brodelnden Hexenkessels internationaler Konflikte, inmitten von Verwirrung und Uneinigkeit und oberhalb der Dunstglocke, die den Tumult von Gewalt, Korruption und sozialer Ungerechtigkeit der Großstadt umhüllt, weht ein frischer Wind. Es ist ein Wind, der fähig ist, das Gebräu abzukühlen und den Dunst wegzublasen.

Weltweit geschieht etwas in der Kirche, und wie der »gewaltige Wind«, dessen Brausen zu Pfingsten das ganze Haus erfüllte, ist dieses »etwas« ein Wind, der nicht nur tost, sondern auch erfrischt.

Der Heilige Geist ist dabei, die Menschen mit Erkenntnis, Inspiration, Segen und Kraft zu erfüllen. Er ist der »Geist der Weisheit und der Offenbarung« (Epheser 1,17), der nicht nur die Auswahl des Kanons der Heiligen Schrift inspirierte, sondern der durch seinen Segenshauch auch heute noch Erkenntnis in den Reichtum hineinbläst, den das Wort Gottes für unsere Leitung, unsere Wirksamkeit und Erfüllung bereithält.

Dieses Buch vermittelt einen Einblick in das Wirken des Heiligen Geistes. Es stellt das inspirierte Wort Gottes den schwierigsten Problemen gegenüber, die wir auf diesem Planeten zu bewältigen haben, und zeigt, wie seine zeitlose Wahrheit auf unsere gegenwärtigen Wirren Bezug nimmt und diese - noch rechtzeitig - verwandeln kann.

Es ist eine traurige, aber unbestreitbare Tatsache, daß zu viele von uns Christen vom einseitigen, verstandesmäßigen

Denken unserer Kultur bezaubert worden sind, so daß wir glauben, unsere Stärke könne darin liegen, deren materialistisches Gedankengut zu übernehmen. Folglich ist ein großer Teil der Kirche ihrer Kraft im Umgang mit der unsichtbaren Welt beraubt und dadurch für große und gewaltige Durchbrüche auf den Schauplätzen tiefster Gebundenheit und Not - den Städten der Welt - kampfunfähig gemacht worden. So wie Simson mangelt es vielen von uns an Kraft; wir sind deren Quelle beraubt, und wir sind blind für die Realität der unsichtbaren Welt. Und so mühen wir uns ab und trotten im Kreis wie Ochsen, statt in geistlicher Kraft als Söhne und Töchter des Allerhöchsten voranzugehen.

Simson erlebte jedoch ein Wiederaufleben seiner Kraft, und die Grundmauern einer alten Stadt wurden erschüttert. So können auch wir mit der Zerstörung der Vorherrschaft Satans in den Städten auf jedem Kontinent rechnen. Dieses Buch ist meiner Meinung nach ein wichtiger Beitrag zu diesem Ziel.

Ein bekannter Christ, der den Doktortitel einer angesehenen Universität trägt, sagte zu mir, nachdem er dieses Manuskript gelesen hatte: »Ich glaube, dieses Buch ist eines der originellsten Werke christlicher Literatur, das ich in meiner fünfzehnjährigen Erfahrung gelesen habe...« Diese Beurteilung überrascht mich nicht, denn ich stimme nicht nur darin überein, daß John Dawson mit außergewöhnlicher Einsicht und Fähigkeit begabt ist, das auszudrücken, was Gott ihm gezeigt hat, sondern es wird hier auch tatsächlich »etwas Neues« enthüllt.

Nicht daß die Wahrheit neu wäre. Die Wahrheit ist nie neu.

Neu ist jedoch, *daß* das Thema in diesem Umfang behandelt wird und *wie* es dargestellt wird. John Dawson vermittelt geistlich und systematisch ein Verständnis für die Auseinandersetzung mit den bösen Geistern, die den Fortschritt des Gottesreichs in einem Stadtgebiet behindern.

Er tut dies, ohne merkwürdig, mystisch oder eigenartig zu werden. Er läßt uns nicht zählen, »wie viele Dämonen sich hinter jedem Busch verbergen,« aber er erinnert uns an die Realität der unsichtbaren Heerscharen in beiden Lagern. Er bietet keine abgenützten Formeln zum nutzlosen Aufsagen an, aber er präsentiert in der Tat eine Strategie des Glaubens und des Gebets, die den Sieg davontragen kann - *wenn...*

Ich sage wenn, denn kein Handbuch über geistliche Dynamik erlaubt uns, dessen Anwendung durch dessen Lektüre zu ersetzen. Und das ist es, was dieses Buch auszeichnet, ebenso die Tatsache, daß es von diesem Mann geschrieben wurde. Ich kenne John Dawson seit beinahe fünfzehn Jahren. Ich habe das Wachstum und die Entwicklung eines jungen Mannes beobachtet, der, meiner Meinung nach, durch Gottes Gnade begabt ist, zu den jungen geistlichen Leitern zu gehören, die den Kurs der Gemeinde ins einundzwanzigste Jahrhundert vorzeichnen. Ich schätze die Art, wie er denkt, und wie er *auslebt*, was er denkt. Die Erkenntnis in diesem Buch ist deshalb die Frucht praktischen Lebens und nicht nur theoretische Analyse.

Im Licht des Wortes Gottes zu leben und beständig in Übereinstimmung mit dem Wesen Jesu Christi zu wandeln, sind Ziele, die für die meisten Christen von höchster Bedeutung sind. Ich glaube jedoch, wir alle sollten diesen noch eines hinzufügen - »den guten Kampf des Glaubens zu kämpfen.« Die geistliche Schlacht, die unsichtbare Kampfführung, entscheidet, ob wir nur gute Christen sein werden oder in Christus den Sieg davontragen werden.

Als ewige Olympier laßt uns »für das Gold kämpfen.«

Jack W. Hayford
The Church on the Way
Van Nuys, Kalifornien
Juni 1989

Teil I

Kampfhandlungen

Durchbrechen der unsichtbaren Schranken einer Stadt zum Evangelium

»Michael, einer der Ersten unter den Engelfürsten, kam mir zu Hilfe, und ihm überließ ich den Kampf mit dem Engelfürsten des Königreichs Persien.«
Daniel 10,13 (Luther Übers.)

Kapitel 1

Beim siebenten Mal

»Denn die Waffen unsres Kampfes sind nicht fleischlich, sondern mächtig für Gott zur Zerstörung von Festungen.« 2. Korinther 10,4

Die Fackel in meiner Hand flammte auf, als ich zum Endspurt ansetzte. Schweißperlen glänzten auf dem Gesicht der anderen Läufer, als sie unter den Straßenlampen von Century City hindurchliefen. »Ich nehme die Reichtümer der Weststadt für dich, Herr, in Anspruch! Mögen der Reichtum, die Talente und der Einfluß dieser Stadt benützt werden, um deine Liebe zu verkünden.«

Die kleine Gruppe von Läufern lief weiter in die Nacht hinein. Der Gedanke, daß sie nur achtundzwanzig Häuserblocks vom Pazifischen Ozean entfernt waren, stimmte sie froh und dankbar, aber der Gedanke, daß dieses großartige Abenteuer seinem Ende zuging, war weniger angenehm. Ihre Reise, die am Plymouth Rock begonnen hatte, hatte sie von der Ostküste bis zur Westküste geführt und sollte als ein Akt der Fürbitte Amerikas eine neue Generation für Jesus gewinnen. Unterwegs hatten sich ihnen Tausende von Kindern und Teenagern angeschlossen, die mit flammenden Fackeln symbolisch das Licht des Evangeliums weitertrugen.

Ich reichte die Fackel an meinen dreizehnjährigen Sohn David weiter. »Versteht er wirklich, was wir hier tun?« dachte ich. Beginnt er, die unermeßliche Liebe eines himmlischen Vaters zu verstehen, der sich danach sehnt, Heilung, Gerechtigkeit und Barmherzigkeit auf die Erde auszugießen, wenn wir uns nur demütigen und darum bitten?

Ein Mann kam aus einer Bar heraus, blieb auf dem Bürgersteig stehen und starrte die Läufer verwundert an. Es war immerhin schon nach Mitternacht. »Wir laufen für Jesus,« rief ein Teenager ihm zu, und ein spöttisches Grinsen ging über das Gesicht des Mannes. Ich konnte fast hören, wie er dachte: Diese verrückten Christen, was hoffen sie denn zu erreichen?

Gottes Volk tut manchmal verrückte Dinge; Dinge, die nur mit den Augen des Glaubens gesehen, einen Sinn ergeben. Wir sind berufen, Salz und Licht zu sein und die Welt um uns herum zu verwandeln; aber die Quelle unserer Kraft ist unsichtbar. Das Unendliche trifft im einfachen Gehorsam im Leben eines Gläubigen mit dem Endlichen zusammen.

Ich dachte zurück an meine erste Erfahrung, als ich sah, wie eine Stadt durch die Macht des Gebets verändert wurde. Es war 1978 in Cordoba, Argentinien.

Wir waren frustriert. Das internationale Team von Jugend mit einer Mission war den ganzen Tag auf den Straßen gewesen, und wir waren nicht vorangekommen. Alle zweihundert von uns trafen sich am nächsten Tag in einem gemieteten Kloster am Stadtrand zum Gebet. Wir schrien zu Gott um eine Antwort.

Die Menschenmengen waren da. Tausende von Argentiniern aus dem ganzen Land waren zu den Endspielen der Fußballweltmeisterschaft gekommen, aber unserem christlichen Zeugnis fehlte es an Kraft. Niemand kam zu Christus.

An diesem Tag des Betens und Fastens begann der Heilige Geist uns die unsichtbare Welt über Cordoba aufzuschließen. Wir erkannten, daß unsere Furchtsamkeit und Schwachheit bei der Verkündigung des Evangeliums teilweise auf das Wirken satanischer Kräfte zurückzuführen war, die sich in der Kultur dieser Stadt manifestierten.

Cordoba ist eine stolze und schöne Stadt mit stolzen und schönen Menschen. Die Bevölkerung ist größtenteils deutscher und italienischer Abstammung, und Stellung, Besitz und äußerer Erscheinung werden große Bedeutung beigemessen. Inmitten dieser modebewußten Kultur fühlten wir uns völlig fehl am Platz. Wir waren Christen aus über zwanzig Nationen, einfach gekleidet, mit geringen Spanischkenntnissen und trugen christliche Literatur bei uns.

Der Herr beantwortete unser Gebet und gab uns einen Plan. Während wir in kleinen Gruppen beteten, zeigte der Heilige Geist vielen von uns die gleiche Strategie. Es gibt nur eine Möglichkeit, einen Geist des Stolzes zu überwinden - durch die Demut Jesu, durch Jesu Leben mittels Handlungen des Gehorsams, von seinem Volk ausgelebt. Wir erkannten eine geistliche Macht, die die Stadt durch ein Leben voller Selbstgefälligkeit und Hochmut zu beherrschen suchte. Wir mußten dieser Macht deshalb mit dem gegensätzlichen Geist entgegentreten, mit einer Strategie persönlicher Demut.

Das sah folgendermaßen aus. Wir gingen am nächsten Tag in die Stadt - alle zweihundert von uns - und bildeten kleine Gruppen von etwa dreißig Leuten. Wir stationierten uns überall in den modischen Einkaufszentren und den Straßen der Innenstadt. Dann traten wir in Aktion. Wir knieten uns dort mitten in dieser Modeschau nieder, umgeben von teuren Bistros, Straßencafes und Boutiquen. Während unsere Stirn die Pflastersteine berührte, beteten wir um eine Offenbarung Jesu in dieser Stadt.

Der Durchbruch kam sofort - ein Durchbruch in uns und ein Durchbruch in der Stadt. Eine große Menge Neugieriger sammelte sich um jede Gruppe.

Ich erinnere mich lebhaft, wie Christus mich stärkte, als ich meine Würde beiseitelegte und mich auf der Straße niederkniete. Die Einschüchterung des Feindes war gebrochen und auch unser Stolz. Als die Menschenmenge größer wurde, stand ich auf und erklärte durch einen Übersetzer, warum wir in die Stadt gekommen waren. Während ich meine Stimme erhob, um auch die Leute am Rande der Menge zu erreichen, erfüllte mich die Kühnheit und das Erbarmen des Herrn, und ich begann zu predigen.

Überall in der Innenstadt Cordobas predigten Mitarbeiter von Jugend mit einer Mission aufmerksamen Zuhörern das Evangelium, und es begann eine Seelenernte. Die Menschen waren so empfänglich, daß sie geduldig in einer Schlange warteten, bis wir ihnen persönlich ein Autogramm auf unsere Bibeltraktate geschrieben hatten. Sie bestanden darauf, uns auf diese ungewöhnliche Art und Weise zu ehren und brachten immer wieder ihre Dankbarkeit für diese kleinen neutestamentlichen Schriften zum Ausdruck. Diese großen Straßenversammlungen fanden bis zu unserer Abreise mehrere Wochen lang statt. Eine große Zahl von Menschen kam öffentlich nach vorne um zu bezeugen, daß sie Christus angenommen hatten.

Als wir anfangs mit kühler Gleichgültigkeit empfangen wurden, konnten wir hören, wie der Feind uns anklagte: »Ihr seid nicht cool genug.« Dann versuchte er uns: »Erniedrigt euch nicht. Verliert eure Würde nicht.« Er appellierte an unseren Stolz. Wir antworteten darauf, indem wir uns öffentlich demütigten.

Ich werde niemals den Abend vergessen, als ich am Plaza San Martin zu einer großen Menschenmenge sprach und die Sense Gottes durch die Zuhörer ging. Menschen fielen auf die Knie und taten öffentlich Buße. Eine Frau kam weinend nach vorne gelaufen, kniete nieder und umfaßte meine Knie. »Kann ich Jesus gleich hier annehmen?« fragte sie. »Oder muß ich in eine Kirche kommen?« Ich versicherte ihr, daß sie Christus überall finden konnte.

Wie war dies möglich? Wie konnte eine Stadt, die sich dem Evangelium so stark widersetzt hatte, plötzlich zu solch einem Erntefeld werden? Der Feind hält die Nationen durch Betrug und Anklage gefangen. Wenn wir in einer bestimmten Stadt einen geistlichen Dienst tun, werden auch wir durch die geistlichen Mächte gehindert, die die Menschen unterdrücken, bis wir erkennen, wie der Feind uns betrügt, und »den Starken fesseln«, indem wir im entgegengesetzten Geist handeln.

Um den Feind zu überwinden, müssen wir selbst der Versuchung widerstehen und dann mit vereintem, inbrünstigem Gebet fortfahren, bis wir spüren, daß wir Autorität gewonnen haben und Gott durchgedrungen ist. Das geschah in der Bibel.

Denken wir an die Geschichte von Jericho und Ai (Josua 6-7). Den ungewöhnlichen Strategien, welche Gott dem Volk Israel gab, lag ein klares Ziel zugrunde. Der tagelange Schweigemarsch um eine Stadtmauer erschien sinnlos, aber die Menschen gewannen geistliche Autorität, da sie Glaube, Gehorsam und Selbstbeherrschung übten. Die Tatsache, daß sie schweigend marschieren mußten, weist wahrscheinlich auf das Wesen des unsichtbaren Reiches über Jericho hin. Wäre es ihnen freigestellt worden, auf die Beleidigungen und den Spott zu reagieren, die ihnen von der Mauer entgegengeschleudert wurden, wäre möglicherweise ein Geist des Streits, des Stolzes und des Zorns unter dem Volk ausgebrochen.

Gottes Volk hätte nie gesiegt, wenn es die gleichen abartigen Methoden des Feindes benutzt hätte, und deshalb liefen sie mit stiller Selbstbeherrschung, bis sie ein Kriegsgeschrei erhoben, und durch die Kraft Gottes stürzten die Mauern in sich zusammen.

Ai war eine Festung mit ihren eigenen ungewöhnlichen Versuchungen. Zu seinem eigenen Leid stellte das Volk fest, daß eine Schlacht im Selbstvertrauen geführt, ohne Unterscheidung der Geister und ohne Gehorsam Gott gegenüber immer mit einer Niederlage endet.

Dieses Buch konzentriert sich aus zwei Gründen auf die Befreiung von Städten und Nationen statt von einzelnen Menschen:

- Es besteht einerseits bereits ein reichhaltiges Angebot guter Lehre über Seelsorge am einzelnen Menschen.
- Andererseits müssen wir uns von einer ichbezogenen Geistlichkeit lösen - einer Einstellung, durch die wir uns als Opfer und nicht als Kämpfer betrachten.

Feurige Pfeile werden kommen, aber während wir den Schild des Glaubens hochheben, müssen wir das Schwert des Geistes in die Hand nehmen und uns mit anderen im Kampf für Städte und Nationen vereinen. Wir dürfen niemals die Kraft vergessen, die im Wort Gottes ist. Unsere Schritte im Gehorsam und Glauben führen zu einem größeren Sieg als unserem eigenen.

Kapitel 2

Die Unterscheidung der Geister

»So zerstören wir Vernünfteleien und jede Höhe, die sich gegen die Erkenntnis Gottes erhebt.«
2. Korinther 10,5

Ich saß mit anderen Predigern auf dem Podium und hörte zu als Paul Yonggi Cho, Pastor der Yoido Full Gospel Church in Seoul, Korea, zu den Zuhörern über geistliche Kampfführung sprach. Als er von einer haarsträubenden persönlichen Auseinandersetzung mit einem bösen Geist erzählte, lenkte der Heilige Geist meine Gedanken auf Jesu Dienst, wie er in den Evangelien berichtet wird. Jesus scheint ständig Auseinandersetzungen mit Dämonen gehabt zu haben. Er erkannte immer wieder deren Gegenwart und deren Wirken.

Während ich über Jesu geistliche Kampfführung nachdachte, stellte ich mir selbst die Frage, wann ich das letzte Mal die Gabe der Unterscheidung der Geister in bezug auf meine Umstände wirklich angewandt hatte. Wenn ich im geistlichen Dienst stehe, übe ich immer im Gebet die Autorität des Gläubigen aus und widerstehe so dem Feind. Manchmal gebiete ich auch den dämonischen Kräften, die ich in einer bestimmten Situation spüre. Aber sah ich wirklich alles, was der Heilige Geist mir offenbaren konnte?

Ich wußte, daß die Ausübung der Geistesgaben eng damit zusammenhängt, wie wir selbst die Initiative ergreifen. Unser Wille spielt eine Rolle, und so bat ich Jesus um seine Sicht der unsichtbaren Welt in meiner Familie, meinem Büro und meinem Dienst. »Herr, habe ich blinde Flecken?« fragte ich. »Sind verborgene Einflüsse dämonischer Beschuldigung und Verführung am Wirken, deren ich mir überhaupt nicht bewußt bin?«

Während des Rückflugs dachte ich ständig über diese Frage nach und richtete meine Aufmerksamkeit auf die leise Stimme des Heiligen Geistes. Da ich als Bibellehrer viel auf Reisen bin, beten viele Menschen für mich. Zwei Fürbitter in verschiedenen Städten hatten mir kurze Zeit vorher gesagt, daß ein Geist der Beschuldigung versuche, meine Familie und meinen Dienst zu zerstören. Was bedeutete dies wirklich? Wie sollte ich dagegen angehen? Ich dürfe auch nicht überängstlich werden in bezug auf Dämonen, dachte ich.

Manche betrachten den Befreiungsdienst als Lösung für alles, auch wenn das Problem eigentlich durch Buße, den rechten Umgang mit Dingen oder die Anwendung eines anderen Prinzips gelöst werden könnte. »Nun, Herr,« sagte ich, »wenn ich wirklich von einem Dämon angegriffen werde, vertraue ich darauf, daß du mir dies zeigen wirst.«

Das Flugzeug landete. Ich holte mein Gepäck und gab meiner Frau, die in unserem Familienwagen einige Runden um den Flughafen von Los Angeles drehte, ein Signal. In dem Augenblick, als sich die Tür öffnete, spürte ich etwas. Ich spürte die schwere Bedrückung eines bösen Geistes direkt im Wagen bei meiner Frau und meinen drei Söhnen - niemand war von ihm besessen, sondern er lauerte nur im Hintergrund.

Als wir den Flughafen verließen, begann ich, über die letzten sechs Monate nachzudenken. In einigen unserer äußeren Familienbeziehungen waren Kritik und Mißverständnisse eindeutig wiederholt aufgetreten. Ich fuhr auf einen Parkplatz und erklärte meiner Familie, was ich empfand. Ich sagte ihnen, daß das, was wir erlebt hatten, mehr war als der zu erwartende Stress eines arbeitsreichen Lebens. Es zeigte sich ein verborgenes Muster heimtückischer Belästigungen, das immer klarer wurde, je länger wir darüber diskutierten. Als Priester meines Hauses gebot ich zusammen mit meiner Frau dem bösen Geist, uns zu verlassen. Sogleich spürten wir, wie eine böse Macht von uns wich.

Am nächsten Tag betete ich ernsthaft für meine Mitarbeiter im Hauptquartier von Jugend mit einer Mission in Los Angeles. Während ich betete, hatte ich ein Bild des Sitzungszimmers vor Augen. - Die Leiter treffen sich in diesem Raum, um über Langzeit-Ziele zu entscheiden. Vor meinen geistigen Augen konnte ich sehen, wie eine düstere Wolke in einer Ecke oben an der Decke schwebte. Es wurde mir klar, daß ich einen Geist des Unglaubens wahrnahm.

Es stimmt, dachte ich. Jedesmal wenn wir uns dort treffen, zeigen alle eine ungewöhnliche Ängstlichkeit hinsichtlich der finanziellen Mittel, obgleich Gott sich als so treu erwiesen hat.

Ich war plötzlich zornig - zornig auf einen Geist, der es wagte, unseren großzügigen, treuen himmlischen Vater zu verklagen.

Während der folgenden Tage erlebten wir eine Zeit »geistlichen Hausputzes«. Ein Geist der Verwirrung, der eine Familie monatelang unterdrückt hatte, wurde aufgedeckt und in dürre Stätten verbannt (Matthäus 12,43); auch anderen Dämonen, die uns in unserem geistlichen Dienst heimtückisch ständig verfolgt und belästigt hatten, geboten wir zu weichen.

Es ist nicht überraschend, daß ich in einem Stützpunkt von Jugend mit einer Mission dämonische Aktivitäten entdeckte. Jeder wirksame Dienst wird zur Zielscheibe satanischer Angriffe. Satan ist ein religiöser Geist, der sich in der Nähe religiöser Leiter und Institutionen aufhält. Er hat nur zwei Waffen: zu verklagen und zu betrügen. Er verbreitet seine Anklagen und Lügen am effektivsten in der religiösen Welt.

Was tut Satan in der Bibel? Er verklagt Hiob, verführt Eva, verklagt die Heiligen vor dem Thron Gottes und schließlich versucht er Jesus mit einem Königreich ohne das Kreuz. Der Teufel baute die Versuchungen Jesu auf eine verborgene Anklage gegen das Wesen Gottes auf.

Satan ist nicht allgegenwärtig. Wo, meinst du, befindet er sich jetzt? Ich denke, er versucht wahrscheinlich gerade, den christlichen Leiter zu verklagen und zu betrügen, der für sein Reich am bedrohlichsten ist. Geistliche Fürsten von hohem Rang unterdrücken geistliche Leiter, wie es etwa in der Lebensgeschichte Daniels berichtet wird, als eine Offenbarung auf diese Weise verzögert wurde. Daniel wurde eine von Gott gegebene Offenbarung vorenthalten, weil der Engelfürst des Königreichs Persien einem Engel, der eine Botschaft hatte, einundzwanzig Tage widerstand, bis der Engel Michael den Kampf übernahm (Daniel 10).

Die meisten Gläubigen haben gute Lehre über die Autorität des Gläubigen und die Geistesgaben empfangen. Was ich gerade beschrieben habe, soll nicht dazu dienen, diese Themen erneut zu erörtern, sondern uns daran erinnern, wachsam zu sein.

Ich möchte dir die Frage stellen, die ich mir selbst an jenem Tag stellte, als ich Pastor Chos Predigt hörte: Wann hast du das letzte Mal die Gabe der Geisterunterscheidung in bezug auf deine Umstände wirklich angewandt?

Bevor du diese Frage beantwortest, solltest du dir einige grundlegende Dinge ins Gedächtnis zurückrufen:

- Die Geistesgaben stellen Jesu Fähigkeiten dar, so wie die Früchte des Geistes Jesu Persönlichkeit beschreiben.
- Jesus lebt in dir, dem Gläubigen, und er ist fähig, in und durch dich all das zu sein, was du nicht bist.
- Er ist die Quelle unseres Sieges über die Sünde, unserer Weisheit, Kraft, Liebe und Macht.

- Er gibt uns nicht irgendeine Wahrheit. Er *ist* die Wahrheit, und er lebt sein Leben durch uns, wenn wir uns seiner Herrschaft unterstellen.

Eine der Fähigkeiten oder Gaben des Heiligen Geistes Jesu in uns ist die Fähigkeit, das Wirken von Geistern im unsichtbaren Bereich zu unterscheiden oder zu erkennen (1.Korinther 12,10). Wir können wählen, ob wir diese Gabe anwenden oder vernachlässigen, selbst wenn wir sie als biblisch erkennen.

Manchmal denken wir, die Geistesgaben seien das Spezialgebiet »superreifer« Christen, doch in Wirklichkeit sind sie Teil von Gottes offenbarter Gnade, um uns alle zur Reife hinzuführen. Du kannst und solltest diese Gabe in dir erwecken. Sie ist vielleicht nicht der besondere Schwerpunkt deines Dienstes, dennoch solltest du die Unterscheidung der Geister in deinem täglichen Leben nicht vernachlässigen.

Nun fragst du vielleicht, wie man die Gaben ausüben kann. Wir wollen uns zunächst eine Gabe ansehen, die von Christen oft angewandt oder bezeugt wird - die Gabe der Weissagung. Viele Gläubige werden vom Heiligen Geist gebraucht, um anderen Gläubigen in einem Hauskreis oder Gottesdienst ein besonderes Wort der Ermutigung zu geben. Wenn dies geschieht, so ist dies nicht darauf zurückzuführen, daß der Heilige Geist diese Person plötzlich ergreift und zum Reden zwingt. Der Gläubige spürt gewöhnlich den Anfang dessen, was Gott sagen will, und stellt sich dem Heiligen Geist freiwillig zur Verfügung, diesen Gedanken zum Ausdruck zu bringen. Er beginnt im Glauben und aus Liebe zu Gott und seinem Volk, und während ein Gedanke dem anderen folgt, wird die Weissagung vollendet.

Die Ausübung der Gabe der Geisterunterscheidung ist eine ähnliche Erfahrung, denn auch diese ist ein Willens- und Glaubensschritt. Kindliche Demut ist erforderlich, um auf die Eindrücke hin zu handeln, die der Heilige Geist uns gibt. Ich fühle, daß ich mich durch das, was ich als Einleitung in diesem Kapitel schrieb, möglicherweise dem Spott der Leser preisgebe, weil ich den sicheren Boden des Greifbaren verlassen habe und hier die höchst subjektive innere Erfahrung meines Lebens mit Gott offen dargelegt habe. Diese Art unverfälschter Offenheit und Verletzbarkeit ist nötig, wenn wir irgendeine übernatürliche Offenbarung von Gottes Macht sehen wollen. Zeichen und Wunder folgen Gehorsamsschritten gegenüber der Stimme unseres Herrn.

Gemäß der Bibel leben wir unser Leben inmitten eines unsichtbaren geistlichen Kampfes. Es ist gefährlich, diese Realität einfach zu ignorieren. Wir glauben die Aussagen der Bibel, aber wir leben oft so, als fände der Kampf auf irgendeinem weit entfernten Missionsfeld statt und nicht hier in unserer Stadt. Tatsache ist, daß ein Kampf über deiner Stadt tobt und dich in diesem Augenblick beeinflußt. Unsere persönlichen blinden Flecken und Laster finden sich gewöhnlich auch in der Kultur, von der wir umgeben sind, und diese Kultur wird von dem beeinflußt, was die Bibel als Mächte und Gewalten bezeichnet (Epheser 6). Mit anderen Worten, wir werden von denselben Versuchungen heimgesucht, wie andere um uns herum.

Weiterhin ist zu beachten, daß geistliche Kampfführung auf einer persönlichen Ebene beginnt und stufenweise zu Ebenen zunehmenden Schwierigkeitsgrades übergeht - vom persönlichen und familiären Bereich zum Gemeindeleben und darüber hinaus zur gesamten Verwaltung der Stadt und der nationalen und internationalen Bereiche.

Hast du schon einmal über den Kampf in deiner unmittelbaren Nachbarschaft nachgedacht? Seit zehn Jahren wohne ich in einem Stadtteil von Los Angeles mit vorwiegend schwarzer Bevölkerung. Meine Nachbarn und ich haben gemeinsame Feinde. Geister der Verzweiflung, Hoffnungslosigkeit, Depression, Entmutigung und Ablehnung plagen diese Bevölkerungsgemeinschaft.

Selbst während ich dies schreibe, macht meine Nachbarschaft durch gewalttätige Banden und Massenfestnahmen Schlagzeilen. Dies ist zum großen Teil auf die Entwicklung sozialer Unterdrückung zurückzuführen. Aber wir dürfen die geistlichen Ursachen nicht unterschätzen. Die Bibel sagt, wir kämpfen nicht gegen Fleisch und Blut (Epheser 6,12). Die verheerende Zerstörung durch Drogen und Gewalt ist auf die Zerstörung der Familie zurückzuführen, und die Zerstörung der Familie wird durch eine Atmosphäre der Verzweiflung beschleunigt.

Wodurch entsteht eine Atmosphäre? Atmosphäre ist ein Begriff aus dem Theater und bezeichnet die allgemeine Stimmung des Publikums während einer Aufführung. Aber auch im täglichen Leben ist der menschliche Geist für viele unsichtbare Dinge im geistlichen Bereich empfänglich. Der Mensch ist nach seiner Definition ein mit Fleisch bekleideter Geist und ist für geistliche Realitäten empfänglich, einschließlich Aktivitäten von Dämonen, die Menschen zu unterdrücken und zu betrügen suchen.

Meine Mitarbeiter und ich machten vor mehreren Jahren einen Gebetsmarsch um unsere Nachbarschaft. Wir blieben vor jedem Haus stehen, geboten dem Werk Satans in Jesu Namen und beteten für eine Offenbarung Jesu im Leben jeder einzelnen Familie. Wir beten immer noch. Es ist noch ein langer Weg, aber soziale, wirtschaftliche und geistliche Veränderungen werden sichtbar. Es gab Zeiten, da zerbrach meine Seele fast unter dämonischer Unterdrückung. Ich erhielt eine Morddrohung. Meine Autoreifen wurden aufgeschlitzt. Der Anblick mit Brettern vernagelter Häuser, arbeitsloser Jugendlicher und kaputter Familien hat mich oft depremiert, aber ich war entschlossen, nicht wegzulaufen.

Heute gibt es in dem Häuserblock, in dem ich wohne, mindestens neun christliche Familien, und der Friede des Herrn ist deutlich spürbar. Der äußere und innere Verfall dieser Gegend ist zum Stillstand gekommen. Die Leute renovieren ihre Häuser, und ein Gefühl der Gemeinschaft entsteht unter den christlichen Familien.

Der Kampf ist durchaus real. Letzte Woche entdeckte ein Nachbar eine geladene Pistole in meiner Zufahrt, kurz bevor meine Kinder das Haus verließen, um zur Schule zu gehen. In einem nahegelegenen Haus eines Alkoholikers wird die ganze Nacht lang mit Drogen gehandelt, und dieser Mann ist nach jahrelangen Bemühungen durch Gebet und Seelsorge immer noch unverändert. Diese Realitäten sind eine Herausforderung an meinen Glauben. Aber ich glaube, wenn wir im Gebet fortfahren, werden die Dämonen der Hoffnungslosigkeit, Gewalt und Sucht aus dieser Gegend völlig vertrieben werden, und meine Nachbarn werden die Möglichkeit haben, seelsorgerlichen Dienst ohne dämonische Einmischungen zu empfangen.

Jeder von uns steht in seiner näheren Umgebung dämonischen Mächten gegenüber, aber als Christen sind wir zu einem viel größeren Kampf berufen. Wir kämpfen für unsere gesamte Generation. Wir sind berufen, lokal zu handeln, aber global zu denken.

Aufgrund massiver Verstädterung ist die Evangelisation unserer Städte der Schlüssel, um Millionen von Menschen zu Christus zu führen. Im nächsten Teil wollen wir die äußeren Lebensbedingungen moderner Städte betrachten. Wir wollen den Zusammenhang der großen geistlichen Kämpfe unserer Zeit untersuchen und versuchen, Gottes Einstellung zu unseren Städten zu gewinnen.

Teil II

Die Stadt von der Dunkelheit befreien

»Und die Mauer von Jerusalem ist niedergerissen,
und seine Tore sind mit Feuer verbrannt.«
Nehemia 1,3

Kapitel 3

Eine Berufung in die Stadt

»Ich aber, ich faßte Mut, weil die Hand des Herrn, meines Gottes, über mir war, und ich versammelte einige von den Familienoberhäuptern aus Israel, daß sie mit mir hinaufzögen.« Esra 7,28

Ich versuchte gerade, einem Kollegen zu helfen, sein Leben und seinen Dienst zu ordnen. Er war einer meiner führenden Mitarbeiter. Wir fuhren durch Los Angeles und besprachen seine Gaben und die Möglichkeiten, die ihm zur Wahl standen.

»Ich möchte auf keinen Fall hier in Los Angeles Pastor sein,« sagte er. »Ich möchte meine Kinder nicht in dieser Umgebung aufwachsen lassen. Was für ein schreckliches Dreckloch!« Tief in meinem Herzen verspürte ich einen gerechten Zorn.

»Was glaubst du, warum wir hier leben?« sagte ich. »Ich schäme mich wirklich für dich, daß du so eine Einstellung hast. Sind wir Pastoren nur von Berufs wegen religiöse Schwärmer, die sich angenehme Orte aussuchen, um sich niederzulassen? Meine Mitarbeiter und ich sind nicht der vorteilhaften äußeren Lebensbedingungen wegen nach Los Angeles gezogen.«

Dieser liebe Bruder tat schließlich Buße über seine Einstellung. Er wohnt jetzt in einer Stadt im Ausland, die größere Probleme hat als Los Angeles. Aber Millionen von Christen wählen den Ort, wo sie leben wollen, nach völlig egoistischen

Gesichtspunkten. Christen müssen jedoch Jesu Perspektive für diese Städte gewinnen. Städte sind ganz einfach riesige Ansammlungen von Menschen, und Jesus geht dorthin, wo die Menschen leben. Während seines irdischen Dienstes weinte Jesus voller Mitleid für die Menschenmengen in Jerusalem und tat seinen Dienst unter ihnen.

Über die Hälfte der Weltbevölkerung lebt in städtischen Zentren. In entwickelten Ländern wie den Vereinigten Staaten ist der Prozentsatz von Stadtbewohnern noch viel höher. In Kalifornien leben beispielsweise 91 Prozent der Bevölkerung in Städten.

Meine Stadt, Los Angeles, ist überbevölkert, teuer, gewalttätig und verschmutzt. Ich würde meine Kinder lieber in ländlicher Abgeschiedenheit oder mit den Bequemlichkeiten eines Vororts aufwachsen lassen, aber Jesus hat mich hierher berufen. Jesus wurde immer von den dunklen Orten angezogen. »Wo aber die Sünde überströmend geworden, ist die Gnade noch überschwenglicher geworden« (Römer 5,20).

Bis zum Jahr 2010 werden drei von jeweils vier Menschen auf der Erde in Städten wohnen, was bedeutet, daß die Städte Hauptzielpunkt des Missionars werden müssen. Den Gemeinden fällt es heutzutage viel leichter, Missionare aus den Vorortsgemeinden in die abgelegenen Dörfer Afrikas oder Mittelamerikas auszusenden. Zu viele Christen haben eine Abneigung gegen Städte und sehen sie nur als dunkle Orte des Bösen, die man vermeiden sollte, aber das ist nicht Gottes Einstellung. Denken wir etwa an seine Worte an die Juden, welche im heidnischen Babylon in Gefangenschaft waren. »Und sucht den Frieden der Stadt, in die ich euch gefangen weggeführt habe, und betet für sie zum Herrn! Denn in ihrem Frieden werdet ihr Frieden haben« (Jeremia 29,7).

Über die Hälfte der Bevölkerung der Vereinigten Staaten lebt auf 6 Prozent der Bodenfläche. Dies bedeutet umgesetzt, daß achtundachtzig Millionen Menschen in den vierundvierzig größten Großstadtgebieten wohnen. Die Großstädte sind mit einer Vielzahl verschiedener Volksgruppen besiedelt, welche die Vereinigten Staaten in eines der größten Missionsfelder der Welt verwandelt haben. Mit viereinhalb Millionen Spanisch sprechenden Einwohnern ist Los Angeles jetzt die zweitgrößte hispanisierte Stadt. Es ist auch die zweitgrößte chinesische Stadt außerhalb Asien und die zweitgrößte japanische Stadt außerhalb Japans. Die Liste läßt sich fortsetzen: Es ist die größte koreanische Stadt außerhalb Koreas, die größte vietnamesische Stadt außerhalb Vietnams und die größte philippinische Stadt außerhalb der Philippinen.

Vor hundert Jahren war London die größte Stadt der Welt, aber jetzt haben zweiundvierzig Städte der Welt mehr als vier Millionen Einwohner. Die meisten dieser Städte sind entweder asiatisch oder islamisch. Zählen wir noch jene dazu, die marxistisch sind, erhalten wir eine Vorstellung der Herausforderung, die sich heute den Christen bei der Weltevangelisation stellt.

Es ist an der Zeit, daß wir unsere Angst und unser Eigeninteresse beiseite legen und mutig in Aktion treten. Vor kurzem hörte ich von einem neu ernannten Pastor einer wohlhabenden Gemeinde der Mittelschicht in den Vororten von Fort Worth, Texas. Er machte den Vorschlag, den teuren Haus- und Grundbesitz der Gemeinde zu verkaufen und die Gemeinde und deren Dienste in die Innenstadt zu verlegen. Er gehört dieser Gemeinde nicht mehr an. Er hatte keinen Erfolg, aber meiner Meinung nach ist seine Radikalität das, was wir brauchen.

Wir müssen eine neue Vision des christlichen Dienstes bekommen. Missionsarbeit hat immer einen romantischen Beiklang gehabt: Phantasiebilder von Naturvölkern und Palmen im Lichte der untergehenden Sonne. Es ist notwendig, einen anderen Traum in die Herzen unserer jungen Pioniere zu pflanzen und ihre Gedanken mit einem realistischeren Bild zu füllen, das sie tief bewegt.

Unsere neue Vision christlicher Mission muß sich auf Städte konzentrieren. Wenn wir Nationen zu Christus bringen wollen, heißt es, deren Städte zu gewinnen. Dies hat folgenden Grund:

Vor der Entstehung des modernen Nationalismus gab es eine Zeit, in der die zivilisierte Welt aus einer Ansammlung von Stadtstaaten wie Venedig und Luxemburg bestand. Mit der Ausnahme von Hongkong, Singapur, Luxemburg und einigen anderen Stadtstaaten setzt sich die Welt heute aus Einheiten zusammen, die wir Nationen nennen und die oft mehr als eine Weltstadt innerhalb ihrer nationalen Grenzen einschließen.

In Wirklichkeit ist eine Nation eine geographische und politische Allianz verschiedener Großstädte. Eine Nation ist die Summe ihrer Städte. Die Städte sind Seele und Herz der Nation, sind der Ort, an dem der Volksmythos größtenteils verwahrt wird. Das Land zwischen den Städten ist nur wenig besiedelt und dient dazu, den Fortbestand des städtischen Lebens zu unterstützen. Dies schließt die Landwirtschaft, die Energieversorgung und einige abgelegene Künstlergemeinschaften ein, die nur deshalb existieren, weil sie den städtischen Absatzgebieten ihre Leistungen zur Verfügung stellen. Und was noch wichtiger ist, die politische Macht geht von denen aus und obliegt denen, die die Menschen in der Stadt repräsentieren.

Wenn wir davon träumen, Nationen zu Jüngern zu machen, müssen wir die Realität dieser Nationen fest in den Griff bekommen. Dies bedeutet, das Evangelium muß das geistliche, philosophische und äußere Leben der Städte einer Nation verwandeln. Erreicht es diese Wirkung nicht, haben wir darin versagt, den Kampf zu gewinnen, ganz gleich wie großartig unsere nationalen christlichen Organisationen erscheinen mögen.

Die frühen Jahre der Heilsarmee sind ein anschauliches Beispiel dafür, wie die Kraft des Evangliums das Leben einer Stadt verwandelt. General Booth und seine Anhänger hatten die vorherrschenden satanischen Gebundenheiten ihrer Zeit ganz klar erkannt (Alkoholismus und Prostitution), und sie wandten stadtweite Strategien an, die zu stadtweiten Siegen führten.

Wir wollen eine neue Entscheidung treffen, die Nationen zu Jüngern zu machen, aber wir wollen dies mit einer radikalen und realistischen Vision tun. Wir wollen Christi Banner in den schmutzigsten und dunkelsten Orten hochheben. Wir wollen es aufnehmen mit der Stadt, die sich wie ein Riese drohend und unnahbar erhebt.

Als ich zuerst nach Los Angeles kam, fühlte ich mich von der ungeheuren Größe der Stadt überwältigt. Ich kam mir klein und unbedeutend vor. Wie könnte jemand auf eine so große, so unpersönliche und so vielfältige Stadt einen Einfluß ausüben? Ich konnte nicht einmal die Menschen sehen; sie waren in Autos und Gebäuden. Die Stadt schien steril zu sein. Undurchdringlich.

Nur Gebet veränderte meine Sicht. Ich begann, Christi Gesinnung zu haben, die Einstellung und Perspektive Jesu. Ich weinte tatsächlich über meine Stadt. Jetzt fühle ich Gottes Mitleid für die Menschen der Stadt. Ich liebe meine Stadt. Und ich habe gesehen, wie sie sich wirklich zu ihrem Vorteil verändert hat.

Wir besitzen eine Gabe. Wir besitzen geistliche Autorität. Wir haben Befreiung erfahren. Wir kennen Gottes Kraft. Wir können vor Gott für die Stadt einstehen und wissen, daß er antworten wird.

> »Steh auf, werde licht! Denn dein Licht ist gekommen, und die Herrlichkeit des Herrn ist über dir aufgegangen. Denn siehe, Finsternis bedeckt die Erde und Dunkel die Völkerschaften; aber über dir strahlt der Herr auf, und seine Herrlichkeit erscheint über dir. Und es ziehen Nationen zu deinem Licht hin und Könige zum Lichtglanz deines Aufgangs.« (Jesaja 60,1-3).

Kapitel 4

Städte - ein Segen oder ein Fluch?

»Wenn keine Offenbarung da ist, verwildert ein Volk.« Sprüche 29,18

Viele Christen denken, Städte sind von Natur aus gottlose Orte. Wenn man sie fragte, würden sie sagen, die Stadt sei ein Fluch und kein Segen. Das ist aber nicht Gottes Gedanke. Immerhin beginnt die Menschheitsgeschichte in einem Garten und endet in einer Stadt.

Ich glaube, Gott möchte, daß die Stadt ein Ort der Zuflucht ist, ein Ort der Gemeinschaft und ein Ort persönlicher Befreiung, da ihre Bewohner gemäß ihrer besonderen, individuellen Begabungen Arbeitsteilung praktizieren. Ich glaube, unsere Städte tragen den Stempel von Gottes souveränem Plan. Unsere Städte enthalten ein Erlösungsgeschenk, wie ich es nennen möchte.

Eine Stadt ist eine menschliche Institution und entwickelt, wie alle Institutionen, eine Wesensart oder einen Charakter, der umfassender ist als die Summe ihrer Bestandteile. Jede Großstadt hat verglichen mit anderen Städten einzigartige Charakterzüge.

Die Stadt New York ist beispielsweise ein Handelszentrum und eine führende Weltstadt. Aber sie ist mehr als das - sie symbolisiert einen Lebensstil, der zum Träumen verleitet. Der

Traum von Reichtum und Macht zieht Menschen nach New York, und sie werden von der Phantasie verführt, Erfolg zu haben, für welchen New York ein riesiges Sinnbild geworden ist.

Heute wird Manhattan von Rücksichtslosigkeit und Verzweiflung geplagt, und die meisten Christen sehen nur den negativen Einfluß der Stadt. Aber wie sieht Gott New York? Hat er einen Plan, eine Absicht für diese Stadt? Ursprünglich war sie das Tor der Hoffnung ins Land der Freiheit. Dies sind positive und Gott wohlgefällige Merkmale, die Gottes erlösende Absicht für diese großartige Stadt erraten lassen.

Denke einmal über den Charakter deiner Stadt nach. Der bekannte Historiker Arnold Toynbee definiert die Stadt in der Einleitung zu seinem Buch *Städte der Entscheidung* folgendermaßen: »Um eine Stadt zu werden, müßte sie zumindest ansatzweise eine Seele entwickeln. Dies ist vielleicht das Wesentliche an einer Stadt.«

Als christlicher Fürbitter finde ich Toynbees Beobachtung sehr interessant. Hat eine Stadt eine »Seele«, wie er es nennt? Jeder scharfsinnige Beobachter kann erkennen, daß bestimmte Städte einen zentralen Traum zu verkörpern scheinen, und dieser hat gewöhnlich zwei Seiten: eine gute und eine schlechte.

Ich glaube, Gott hat bei der Erschaffung unserer Städte mitgewirkt, indem er sowohl deren Charakter mitgeformt wie auch hohe Schutzengel über jede von ihnen gestellt hat. Der Engel Michael wird beispielsweise als der »große Fürst« bezeichnet, der über Israel wacht (Daniel 12,1). Dann gibt es auch die Erfahrung des Dieners Elisas, die in 2. Könige 6,16-17 berichtet wird:

> »Er aber sagte: Fürchte dich nicht! Denn zahlreicher sind die, die bei uns sind, als die, die bei ihnen sind. Und Elisa betete und sagte: Herr, öffne doch seine Augen, daß er sieht! Da öffnete der Herr die

Augen des Dieners, und er sah. Und siehe, der Berg war voll von feurigen Pferden und Kriegswagen um Elisa herum.«

Wenn unsere Augen in gleicher Weise geöffnet würden, was sähen wir? Das griechische Wort *angelos* im Neuen Testament kann mit »Bote« übersetzt werden. Was für eine Botschaft würde ein Engel des Herrn hinsichtlich deiner Stadt bringen? Würde Gott einen göttlichen Plan offenbaren? Andererseits wird Satan alles tun, was in seiner Macht steht, um deine Stadt zu verklagen, um ihre Erlösungsgabe zu verleumden.

Ich möchte folgendes Beispiel anführen. Ein Bürger Amsterdams hat ein Recht, auf die seit Jahrhunderten bestehende Tradition der Gastfreundschaft und Toleranz stolz zu sein. Sie kennzeichnet die Kultur dieser Stadt. Amsterdam ist eine echte »Zufluchtstadt«, wie das weltberühmte Genf oder einige der Städte der Leviten, die im Alten Testament aufgeführt sind.

Amsterdam ist heute jedoch eine Stadt, die dafür bekannt ist, offenen Drogenhandel und gesetzliche Prostitution zu dulden. Dies ist eindeutig die Pervertierung einer Gabe. Amsterdam braucht ein neues Selbstverständnis als Werkzeug der Gerechtigkeit: eine Identität, die in der prophetischen Vision ihrer christlichen Gemeinschaft verwurzelt ist. Gott hat in der Tat begonnen, dynamische christliche Dienste in dieser Stadt aufzubauen, die eine der dunkelsten Städte Europas ist.

Die Erlösungsgabe zu bestimmen ist noch wichtiger als das Wesen der bösen Mächte und Gewalten zu erkennen. Böse Mächte regieren durch die Pervertierung der Gabe einer Stadt in gleicher Weise, wie die Gabe eines einzelnen Menschen durch Sünde dem Feind zur Verfügung gestellt wird.

Satan ist kein Schöpfer. Er kann nichts ins Leben rufen. Er kann nur geschaffene Dinge und Menschen für seine eigenen Zwecke benützen. Es ist leicht, die geistlichen Gaben unerretteter Menschen zu identfizieren und zu sehen, wie sie dienen könnten, wenn sie errettet und mit dem Heiligen Geist erfüllt wären.

John Lennon wäre zum Beispiel ein Sänger-Prophet wie König David gewesen, und Rock Gitarrist Jimi Hendrix hätte ein ausgezeichneter Anbetungsleiter sein können.

Ich bemühte mich einmal, den Geschäftsführer eines Pornogeschäfts in unserer Stadt zu bekehren. Wir trafen uns mehrere Wochen lang Mittwoch morgens zum Frühstück. Er glaubte alles, was ich über Jesus zu sagen hatte, aber er tat den letzten Entscheidungsschritt, dem Herrn nachzufolgen, nicht.

Eines Morgens sagte ich: »Ron, du bist äußerlich ein Draufgänger, aber du hast einen weichen Kern. Du hast das, was die Bibel als Gabe der Barmherzigkeit bezeichnet. Wenn du Jesus dein Leben übergäbst, würdest du ein Mensch werden, zu dem andere kommen, um Heilung und Trost zu finden.« Er sah mich zum ersten Mal mit echter Hoffnung in den Augen an, und dies war der Tag, an dem er Jesus zum Herrn seines Lebens machte.

Wendet man dieses Prinzip auf Städte an, tritt Jerusalem als tragisches Beispiel hervor. Der Berg Zion ist von Gott dazu berufen, ein Ort des Friedens und des Lobpreises zu sein. Stattdessen ist diese Stadt zu einem Ort des Konflikts geworden, wo durch die religiösen Auseinandersetzungen ständig ein falsches Bild von Gottes Wesen vermittelt wird.

Trotz der gegenwärtigen Unruhen in Jerusalem fällt es uns dennoch leicht, Gottes Erlösungsabsicht für diese Stadt zu erkennen. Warum? Weil die Bibel viele prophetische Aussagen hinsichtlich Jerusalems Bestimmung enthält. Gottes Volk war der Vermittler von Offenbarungen, die Gottes Absicht zum Ausdruck brachten.

Dieses Prinzip gilt auch heute noch. Wo wird die Bestimmung und die Absicht für deine Stadt offenbart werden, wenn nicht durch die prophetische Gabe innerhalb von Gottes Gemeinde? Es ist die Güte Gottes, die uns zur Buße treibt. Wir können eine Stadt nicht zur Buße aufrufen, ohne ihr ein neues

Ziel vor Augen zu führen. Das Evangelium erweckt die Gabe. »Wenn keine Offenbarung da ist, verwildert ein Volk« (Sprüche 29,18).

Es ist ein psychologisches Prinzip, daß derjenige, der die größte Hoffnung gibt, die größte Autorität gewinnt. Zur Zeit der Wahlen kann man beobachten, wie dieses Prinzip von Politikern genutzt wird. Wir Christen müssen es einsetzen, um mitzuhelfen, unsere Städte wieder so herzustellen, wie Gott sie ursprünglich geplant hat.

Das Evangelium ist eine gute Nachricht und weckt Hoffnung in einen Gott, der uns nie enttäuscht. Christen haben die Stadt zu lange öffentlich angeklagt. Es ist an der Zeit, daß wir uns mitten in die städtische Kultur hineinbegeben und über positive Möglichkeiten zu unserer Stadt sprechen.

Psalm 48 bringt zum Ausdruck, wie sehr das Volk Gottes Jerusalem schätzt, und zeigt, mit welch großer Sorgfalt Gott die Lage unserer Städte plant:

> »Groß ist der Herr und sehr zu loben in der Stadt unseres Gottes. Sein heiliger Berg ragt schön empor, eine Freude der ganzen Erde; der Berg Zion, im äußersten Norden, die Stadt des großen Königs.« (Psalm 48,2-3)

Jerusalems Lage ist kein Zufall, und das gleiche gilt für deine Stadt.

Wenn ich auf Reisen bin und predige, frage ich gleich bei meiner Ankunft: »Warum ist diese Stadt hier?« Ich treffe dann oft auf einen verständnislosen Blick oder Achselzucken.

Es gibt immer einen Grund, und dieser Grund hängt oft mit der geographischen Lage zusammen. Es gibt da etwa einen Gebirgspaß, fruchtbarer Boden, Bodenschätze oder einen Fluß, der in einen natürlichen Hafen mündet.

Vor einigen Jahren hatte mein ältester Sohn David eine Hausaufgabe zur Geographie Kaliforniens auf. Gemeinsam fertigten wir ein großes Tonmodell an, das die Bodengestaltung des gesamten Staates zeigte. Während ich mit meinen Fingern die Bergketten nach oben und die Täler nach unten drückte, begann ich, über die geographische Gestaltung des Gebiets zu staunen.

Ich war beeindruckt von der Tatsache, daß das Küstengebirge genau die richtige Höhe hat, um Feuchtigkeit passieren zu lassen, die dann bis zu der hohen Gebirgskette der Sierra Nevada vordringt, wo die Wolken gezwungen werden, ihre Feuchtigkeit in Form von Winterschnee abzuladen. Dieser versorgt die riesigen Speicher für die Bewässerungssysteme in den ausgedehnten Anbaufeldern des San Joaquin Tales.

Dies ist kein Zufall. Die Erde ist liebevoll und kunstvoll als Wohnort für Menschen gestaltet. Gott hat die Entstehung deiner Stadt vorausgesehen. Er hat einen bestimmten Ort für sie abgesteckt.

Wenn wir die Entstehung unserer Städte als ein Wirken der Souveränität Gottes erkennen, sehen wir Dinge, die wir nie zuvor gesehen haben. Vor kurzem sprach ich in Omaha, Nebraska, zu einer Gruppe von Pastoren und war erfreut zu sehen, daß sie ein klares Verständnis von der Bestimmung ihrer Stadt hatten.

Omaha war einst der Ort, wo die Wagenzüge der Pioniere für den beschwerlichen Weg in die westliche Wildnis mit Proviant versorgt wurden. »Wir glauben, wir sollen immer noch die Pioniere ausrüsten«, sagte ein Pastor zu mir. »Diesmal geht es darum, die weltweite Missionsarbeit zu unterstützen.« Das ist wirklich eine Vision, für die es sich zu leben lohnt.

Ich glaube, Salt Lake City hat eine ähnliche Gabe, aber der Feind hat diese durch Irrlehre pervertiert. Der Schlüssel, die Städte von Utah zu erreichen, liegt darin, eine Vision von Missionsarbeit zu vermitteln, die umfassender und barmherziger ist als das Ziel, welches das Mormonentum jetzt den jungen Leuten dieses Staates vor Augen führt.

Betrachte ich meine eigene Stadt, Los Angeles, sehe ich ein gespanntes Verhältnis zwischen zwei Faktoren. Einerseits ist sie ein technologischer Turm von Babel, der die Welt mit seiner Medien- und Unterhaltungsindustrie verseucht, andererseits besitzt Los Angeles eine Gabe im Kommunikationsbereich. Diese Stadt hat Gott mit bestimmten Reichtümern gesegnet, die entweder pervertiert oder konvertiert werden können.

Selbst der Name der Stadt zeugt von deren Bestimmung. Los Angeles ist spanisch, und heißt auf deutsch: »die Engel«. Wie wir bereits gesehen haben, bedeutet das griechische Wort *angelos* »Bote«. Gott möchte, daß Los Angeles ein Bote ist, der die gute Nachricht inmitten eines endzeitlichen Erntefelds verkündet.

Dieser Plan Gottes hatte tatsächlich schon mehrmals in der Geschichte Erfolg: 1906 durch die Azusa Street Erweckung, 1949 durch eine evangelikale Erneuerung, die zur Entstehung solcher Gruppen wie Campus für Christus und dem Beginn der Billy Graham Feldzüge als einem nationalen Dienst führte und 1972 durch den Anfang der Jesus Bewegung.

Heute ist die Stadt von Gewalttätigkeit zerrissen und verseucht die Gedanken von Millionen von Menschen mit Pornographie. Aber Los Angeles ist auch eine Stadt mit vielen dynamischen christlichen Diensten, die sich über die ganze Welt erstrecken. Die Gemeinde hier schläft nicht. Wir erwarten, daß Gott seine mächtige Kraft in unserer Stadt demonstriert. Während ich dieses Buch schrieb, traf ich mich einmal mit zwölfhundert anderen Pastoren und Leitern zu einem Gebetstag, der von den leitenden Geistlichen unserer Stadt einberufen worden war.

Gott baut souverän die Mauern unserer Stadt wieder auf, und er fängt mit der Leiterschaft seiner Gemeinden an. Ich glaube, im Verlauf unserer weiteren Treffen wird Gott hinsichtlich seiner Erlösungspläne für die Stadt seine Offenbarung ausgießen. Zu den Juden in der gottlosen Stadt Babylon sprach Gott diese Worte: »Denn ich kenne ja die Gedanken, die ich über euch denke, spricht der Herr, Gedanken des Friedens und nicht zum Unheil, um euch Zukunft und Hoffnung zu gewähren« (Jeremia 29,11).

Gott hat immer etwas vor. Was plant er für deine Stadt?

Kapitel 5

Geistlicher Dienst in der Stadt der Zukunft

»Und von den Söhnen Issaschar solche, die die Zeiten zu beurteilen verstanden und wußten, was Israel tun mußte.« 1. Chronik 12,33

Vor zwanzig Jahren schrieb Alvin Toffler ein Buch mit dem Titel *der Zukunftsschock,* in dem er die rapide Verwandlung unserer modernen Städte in eine, wie er es nennt, »ausgeprägte Industriegesellschaft« voraussagt. Diese Zukunft ist jetzt. Er stellte den modernen Stadtbewohner als einen Menschen dar, der durch die raschen Veränderungen einen seelischen Schock erlitten hat. Niemand ist davon stärker in Mitleidenschaft gezogen als der Pastor einer örtlichen Gemeinde und dessen Leiterschaftsteam.

Wollen wir über neue Strategien für den geistlichen Dienst sprechen, müssen wir die Beschaffenheit der heutigen Städte und deren Entwicklung untersuchen.

Für's erste hat sich die geographische Gegebenheit der Stadt radikal geändert. Die Dörfer der Vergangenheit hatten einen Handel, der auf Pferd und Wagen begrenzt war. In den meisten Ländern hatten selbst die größten Städte nicht mehr als hunderttausend Einwohner, bis sich dann im siebzehnten Jahrhundert die Auswirkungen der wissenschaftlichen Revolution bemerkbar machten.

Die Entwicklung der Eisenbahn führte im neunzehnten Jahrhundert zur raschen Ausdehnung der Stadt, aber sie behielt immer noch ihr bestimmendes Zentrum bei. In den 60er Jahren waren die Innenstadtgebiete so überfüllt und unattraktiv, daß sich Vorstädte mit eigenen Zentren innerhalb des Großstadtgebietes bildeten. Die Soziologen mußten eine Reihe neuer Wörter erfinden, um die sich verändernde Stadt zu beschreiben. Der Wortschatz spiegelt den Wandel von *Dorf* zu *Stadt* zu *Dynapole* zu *Metropole* zu *Ballungsgebiet* und gegenwärtig zu *Dynamegalopole* wider.

In der Vergangenheit wurden die Städte so gebaut, daß sie menschlichen Lebensbedingungen gerecht wurden. Mit wenigen Ausnahmen konnte ein Mann in weniger als fünfzehn Minuten von der Stadtmauer bis zum Stadtzentrum laufen. In den heutigen Städten übersteigen die Dimensionen menschliche Maßstäbe. Trotz gelegentlicher Grüngürtel kann es für den flüchtigen Beobachter schwer zu erkennen sein, wo Washington, D.C., aufhört und Baltimore beginnt, obgleich die alten Stadtzentren durch eine etwa zwanzig Meilen lange Hauptverkehrsstraße voneinander getrennt sind. Los Angeles ist inoffiziell bereits eine Superstadt, die sich über eine Strecke von über hundert Meilen ausdehnt und deren Einwohnerzahl - mit Ausnahme von Kalifornien, New York und Texas - alle die übrigen Bundesstaaten der Vereinigten Staaten übersteigt. Eine Stadt gehörte normalerweise einem Kreis an. Das Stadtgebiet von Los Angeles wird jetzt von fünf verschiedenen Kreisen verwaltet.

Eine solche Stadt hat nicht nur ein Zentrum, sondern viele Zentren, nicht nur eine Regierung, sondern mehrere Regierungen, und aufgrund ihres Umfangs und ihrer Mannigfaltigkeit ist es für uns Menschen sehr schwierig geworden, den Überblick zu bewahren. Dies ist ein Grund dafür, warum Stadtregierungen so wenig erfolgreich sind. Die Stadt ist nicht mehr unter Kontrolle zu bringen, und dies zeigt sich durch irrationale Situationen. Betrachten wir einmal folgende Tatsachen:

- Zwei Drittel der zentral gelegenen vier Quadratmeilen von Los Angeles werden von Hauptverkehrsstraßen und Parkplätzen eingenommen, und es wird somit ein großer Teil der Nutzfläche zerstört.
- Unsere Transportmittel werden schneller. Wir verbringen immer mehr Zeit damit, zum Stadtzentrum zu fahren.

Städtische Erneuerungsprogramme sollen verhindern, dass Innenstädte verwahrlosen. Anstatt das Problem zu lösen, schaffen wir jedoch einen neuen, noch größeren Problemkreis um das vorige Zentrum.

Es ist ein Teufelskreis.

Die Vororte, in welche sich die Leute in den 60er und 70er Jahren flüchteten, sind selbst Städte geworden und haben manchmal schlimmere Probleme als die ursprünglichen Stadtzentren. Die Leute pendeln nicht mehr nur in eine Richtung. Sie überqueren mehrere verschiedene Gemeinden zu Einkäufen oder Freizeitgestaltungen. Handelszentralen und neue Gewerbegebiete sind jetzt weit entfernt von der Innenstadt angesiedelt und zu neuen Ballungsgebieten verschmolzen.

1960 war die Zahl der Amerikaner, die in Vorstädten wohnten und arbeiteten, größer als die jener, die zur Arbeit in die Stadt pendelten. Die Vorstädte wuchsen so schnell, daß sie sich bald zu Stadtgebieten mit entsprechenden Begleiterscheinungen - Verkehrsstaus, Umweltverschmutzung, Verwahrlosung und Kriminialität - entwickelten.

Wie hat sich all dies in sozialer Hinsicht auf die Menschheit ausgewirkt? Die Stadt wurde ursprünglich zu unserem Nutzen angelegt. Die Stadt ist ein riesiger architektonischer Mechanismus und damit beauftragt, die Bewohner mit Unterkunft, Transportmitteln, Macht und Reichtum zu versorgen; aber der einzelne Mensch fühlt sich immer mehr als Opfer seiner eigenen Schöpfung.

Folgende zwölf Faktoren tragen zur Desorientierung moderner Stadtbewohner bei:

1) Autorität ist distanziert und unpersönlich. *Man fühlt sich machtlos.*
2) Die große Mehrheit der Menschen ist dem einzelnen völlig fremd. *Man fühlt sich allein.*
3) Kultur, Rasse und Sprache sind so verschieden, daß diese Faktoren keine Grundlage mehr für Sicherheit und Identität sind. *Man fühlt sich ungeschützt.*
4) Die Verschiedenartigkeit wird überlagert von einer umfassenden kommerziellen Kultur identischer Ketten von Restaurants, Läden, Einkaufszentren, Theatern und Architektur, wodurch eine landesweite städtische Gleichförmigkeit entsteht, welche die regionale Kultur verkümmern läßt. *Man fühlt sich verloren.*
5) Stadtbewohner werden ständig von einflußreichen Medien mit Botschaften bombardiert. *Man fühlt sich beherrscht.*
6) Zweckbetonte Spezialisierung ist soweit fortgeschritten, daß Familienmitglieder ein völlig verschiedenes Leben in völlig verschiedenen Umgebungen mit völlig verschiedenen Tagesabläufen führen. Familiennähe entsteht nur aufgrund gezielter Bemühungen. *Man fühlt sich abgelehnt.*
7) Das Angebot an Lebensstilen, Erzeugnissen und Unterhaltung ist so reichhaltig, daß die Erwartung des Glücks durch den Wohlstand von der Angst vor Entscheidungen verdrängt wurde. *Man fühlt sich verwirrt.*
8) Eine Informationsschwemme hat ihr Verlangen nach echtem Verständnis gedämpft. *Man fühlt sich ungebildet.*
9) Der schnelle Wechsel beruflicher und häuslicher Situationen hat alle Arten bindender Beziehungen negativ beeinflußt. Fast alle Freundschaften sind kurzfristig. *Man fühlt sich nicht geborgen.*
10) Stadtbewohner sind Tag und Nacht schonungslos von Aktivitäten umgeben, was vermuten läßt, daß andere da-

mit beschäftigt sind, Wohlstand und Erfolg zu erreichen. Es ist schwierig, Ruhe zu finden. *Man fühlt Stress und Angst.*

11) Auf dem Arbeitsmarkt werden Menschen nur wegen ihres Könnens und ihrer Leistung geschätzt; wenn sie versagen, werden sie wie ausrangierte Maschinen ausgesondert. *Man fühlt sich ausgenützt.*

12) Die öffentlichen Werte sind auf die Förderung von Produktion und Konsum reduziert. Alle anderen Werte werden als privat eingestuft. *Man fühlt sich bedeutungslos.*

Aufgrund der Desorientierung, die Stadtbewohner erleben, sind sie äußerst zugänglich sowohl für mitreißende Erwekkung als auch für Massenbetrug durch eine falsche Hoffnung. Der Stadtbewohner ist oft ein Götzenanbeter. Die Stadt intensiviert alles, und dies schließt die Verehrung falscher Götter ein.

Götzenanbetung zu praktizieren bedeutet, etwas von Menschen Geschaffenes an die Stelle Gottes zu setzen. Die Funktionen aller drei göttlichen Personen werden von Götzen nachgeahmt:

Das Wirken des Heiligen Geistes wird durch falsche Religion nachgeahmt.

Der Sohn wird durch menschliche Helden und Erretter ersetzt.

Der Vater wird durch Institutionen ersetzt.

Vom Vater erhalten wir Identität, Sicherheit, Versorgung, Schutz und Weisung. In dem Moment, da wir uns einer Institution als Hauptziel unseres Glaubens zuwenden, werden wir zu Götzenanbetern.

Die Stadt ist eine Ansammlung sich überschneidender Institutionen. Sie alle haben eine Dienstleistungsfunktion. Sie müssen eine Form von Dienstleistung übernehmen, um zu überleben. Die Armee, die Schule, das Krankenhaus, die Regierung und die Stadt - sie alle verkörpern die Arbeitsteilung auf gemeinnütziger Ebene. Satan versucht, durch die Beeinflussung dieser Institutionen zu herrschen, besonders durch die Kirche, die bildenden Künste, die Unterhaltung und durch den Handel. Er versucht nicht nur, die Atmosphäre dieser Institutionen zu dämonisieren, sondern sie auch mit seinen eigenen Charakterzügen zu kennzeichnen, um sie an sein Reich anzugliedern.

Gott ist nicht gegen Institutionen; sein Wesen in uns bewirkt, daß wir Einrichtungen bauen, die ein potentieller Segen sind.

Wir müssen Institutionen als Einrichtungen sehen, die mit Menschen gefüllt sind, Menschen, die evangelisiert werden müssen. Viele Institutionen dienen zwar einem moralisch fragwürdigen Zweck und müssen verändert werden, wie etwa Abtreibungskliniken, aber die meisten Institutionen sind moralisch neutral. Der Charakter der Menschen bedarf der Veränderung und nur die verändernde Kraft des Evangeliums kann diese bewirken.

Und damit kommen wir zurück auf die Erweckung, die uns verheißen ist. Wir wissen, was die Erweckung um die Jahrhundertwende in Neu-England und Wales bewirkte. Wir haben sogar Berichte von gegenwärtigen Erweckungen in einigen asiatischen und lateinamerikanischen Ländern. Aber wie würde Erweckung in den ausgeprägten Industriestädten des Informationszeitalters aussehen? Ich glaube, daß uns unsere alten Vorstellungen davon ermutigen, aber ich glaube auch, daß sie zu einem der größten Hindernisse für unseren Glauben werden können. Warum? Weil die Dörfer, die Charles Finney und Evan Roberts beschrieben, keinerlei Ähnlichkeit mit unseren modernen Städten haben.

Ich hatte einmal das Vorrecht, von einem der größten Historiker der Erweckungsgeschichte unterrichtet zu werden. Ich fragte ihn nach seiner Ansicht über die Jesus Bewegung von 1972-1974. Er stufte sie nicht als eine echte Erweckung ein und begründete dies damit, daß nicht die ganze Gesellschaft verändert wurde, wie es zu Zeiten mustergültiger, historischer Erweckungen geschah.

Irgendetwas in seiner Antwort ließ mich nicht zur Ruhe kommen, und ich begann, eingehend über meine eigene Generation und deren städtische Umgebung nachzudenken.

Ursprünglich siedelten sich die Menschen in befestigten Städten an, um geschützt zu sein. Die Menschen ziehen jedoch in die moderne Stadt, um aus der Spezialisierung in bezug auf die Arbeitsteilung Nutzen zu ziehen. Die Menschen können bei der Arbeit, die ihren Fähigkeiten am besten entspricht, das Höchste leisten, und dann wieder andere für sich arbeiten lassen, die auf ihrem Gebiet Experten sind.

Die Stadt wird so zu einer Ansiedlung von Dörfern oder Subkulturen, die einander dienen. Diese gleichen nicht den traditionellen ländlichen Dörfern, die eine gemeinsame Geographie, eine gemeinsame Autorität und eine gemeinsame Ausrichtung haben und leicht durchschaubar sind. Das städtische Dorf ist ein »Kommunikationsdorf«, das um spezialisierte Berufe strukturiert ist.

Denken wir zum Beispiel einmal an den Gütertransport per Lastwagen. Dieser Industriezweig hat ein gemeinsames Ziel (Güter zu transportieren), eine gemeinsame Amtsgewalt (Industriegesetze und -verträge) und eine gemeinsame Geographie (Autobahnen, Verkehrsstraßen und Warenlager). Lastwagenfahrer haben sogar ihren eigenen Jargon.

Es ist leicht, ein »Kommunikationsdorf« wie etwa die Wohngegend einer bestimmten ethnischen Gruppe oder das Univiertel zu identifizieren, aber die Bewohner einer Stadt gehören meist nicht solch klar erkennbaren Subkulturen an, die ihr Leben bestimmen. Der Gebrauchtwagenverkäufer beispielsweise steht in bezug zur Berufsgruppe der Händler und Mechaniker.

Wie würde also eine Erweckung in der modernen Stadt aussehen? Der Geist Gottes wirkt durch Menschen, während sie miteinander kommunizieren. Wir kommunizieren vor allem mit den Menschen, die unserer Berufsgruppe angehören, oder mit denen wir aufgrund besonderer Interessen oder Bedürfnisse eine Beziehung haben. Wir sind Pendler.

Genau wie unsere Vorfahren stellen wir während unserer Lebenszeit mit etwa dreißig Menschen eine Beziehung her, aber diese Menschen sind gewöhnlich nicht unsere Nachbarn. Äußere Nähe hat wenig zu tun mit Beziehung. Es fällt mir leichter, mit meinem Freund Nick in New York City über das Telefon eine Beziehung zu pflegen, als von meinem Stuhl aufzustehen, die Straße entlangzulaufen und mich mit meinem Nachbarn vier Häuser weiter zu befreunden.

Erweckung wird sich in den Schlafstädten der modernen Stadt nicht von Haus zu Haus ausbreiten. Und doch tragen wir genau aufgrund der Vorstellungen, die wir noch aus der Vergangenheit haben diese Erwartung mit uns herum.

Ich glaube, die Jesus Bewegung war eine echte Erweckung, und wir können davon lernen. Wir begegnen in ihr zum ersten Mal einer Erweckung in der modernen Stadt. 1972 wurde das souveräne Wirken des Geistes Gottes in einem »Kommunikationsdorf« mit westlicher städtischer Kultur sichtbar. In diesem Dorf lebten Jugendliche der Gegenkultur - der Woodstock Generation.

Dies war die erste Generation, die in einem »weltumspannenden« Dorf wohnte. Die Massenmedien trugen nicht nur dazu bei, daß all die Jugendlichen die gleichen alkoholfreien Getränke konsumierten, sondern sie hatten auch eine gemeinsame Philosophie und den gleichen Lebensstil. Von Durban in Südafrika bis nach Perth in Australien entwickelten junge Leute eine Leidenschaft für die Beatles und rutschten ab in Drogen und östlichen Mystizismus.

Es war eine verzweifelte Situation. Die Generation der 60er Jahre wurde drogenabhängig und dämonisiert, hatte bindungslose geschlechtliche Beziehungen und war dem Evangelium abgeneigt. Dann geschah etwas Seltsames. An vereinzelten Orten wie Germantown (Pennsylvania) und

Huntington Beach (Kalifornien) begannen Jugendliche aus der Gegenkultur in Kirchen aufzutauchen und Zeugnis davon zu geben, daß sie zu Jesus gefunden hatten.

Dies war nicht das Werk irgendeiner Organisation oder irgendeines Menschen, aber es verlief parallel mit der charismatischen Erneuerung der späten 60er und frühen 70er Jahre. Während dieser Zeit schrien Tausende todunglücklicher Eltern zu Gott für ihre verirrten Kinder, und das Ergebnis war die weltweite Ernte, die als Jesus Bewegung bekannt wurde.

Ich war 1973 in Kanada, aber weit entfernt in Neuseeland bekehrten sich fast alle meiner alten ungläubigen Freunde. Die meisten Amerikaner sind sich der wirklich weltweiten Auswirkung der Jesus Bewegung nicht bewußt. Ganz gleich wo sie lebten, Tausende junger Leute, deren Lebensstil 1972 Drogen, Sex und Rock 'n' Roll beherrschten, erfuhren eine mächtige Offenbarung Jesu.

Dieses Beispiel gibt mir große Hoffnung. Wenn ich unsere Kirchen betrachte, fällt mir auf, daß eine Generation fehlt. Wo sind die Jugendlichen? Die Kinder der 60er Jahre sind die Eltern der heutigen Teenager. Aber diese Generation hat noch keine mächtige Offenbarung Jesu erfahren.

Wenn ich meine Stadt betrachte, so scheinen die Jugendlichen heute ebenso verkommen zu sein wie jene der sechziger Jahre. Diesmal stehen Diebstahl und gewalttätige Banden im Vordergrund. Die Situation erscheint hoffnungslos, aber Gott ist immer noch der Gott der Erweckung. Gott ist immer noch barmherzig und kommt zu denen, die es nicht verdienen und die in die Irre gegangen sind, wenn wir durch Fürbitte für sie eintreten.

Wenn wir beten, so müssen wir für Erweckung beten, in welcher Form auch immer Gott sie senden mag. Eine Erweckung könnte sich in einer bestimmten Subkultur ausbreiten, vielleicht unter Menschen in der Immobilien- und Baubranche. Können wir uns dies bildlich vorstellen? Das Auge des Glaubens ist eine gesalbte Vorstellungskraft. Können wir uns vorstellen, wie der einflußreiche Makler sich bekehrt und in dieser Branche eine Ernte beginnt? Als David Goliath stürzte, hatte dies auf viele Philister eine große Wirkung. Gott kann auch heute noch auf diese Weise wirken.

Der durchschnittliche Christ ist allein von der Größe der Stadt und deren Problemen überwältigt und betet deshalb mit sehr geringen Erwartungen für sie. Aber hinter den Mauern und Dächern, hinter den Fassaden und Vorgärten leben einzelne Menschen ihr Leben und sind Teil kleiner Kommunikationsdörfer.

Im Gebet werden wir von Gott eine spezifisiche Strategie geistlicher Kampfführung und eine spezifische Strategie der Evangelisation empfangen. Immerhin ist die Stadt vom Thron Gottes aus gesehen winzig, zeitlich und zerbrechlich.

> »Siehe, Nationen gelten wie ein Tropfen am Eimer und wie Staub auf der Waagschale. Siehe, Inseln hebt er hoch wie ein Stäubchen« (Jesaja 40,15).

Kapitel 6

Erweckung oder Gericht - was wird es sein?

»Willst du uns nicht wieder beleben, daß dein Volk sich in dir freue?« Psalm 85,7

Als mein Freund Floyd seine Predigt beendet hatte und zur Buße aufrief, stand ich als erster auf. Während seiner Botschaft hatte ich mich selbst ganz klar gesehen und ich schämte mich. Ich bekannte an jenem Tag öffentlich meine Sünde und bat die anderen Konferenzteilnehmer um ihr Gebet.

Was war meine Sünde? Geldunterschlagung, Ehebruch? Nein, der Heilige Geist überführte mich der Sünde des Unglaubens. In jenem klaren Moment völliger Ehrlichkeit erkannte ich, daß ich eigentlich sehr geringe Erwartungen an das hatte, was Gott in meiner Stadt tun wollte.

Was erwartest du im Hinblick auf Gottes Wirken in deiner Stadt? Oder, anders ausgedrückt, wer ist dein Gott? Ist er der Gott der Bibel? Dein Gott ist nur so groß wie das, was du von ihm in Raum und Zeit erwartest. Was erwartest du im Hinblick auf sein Handeln hier auf Erden in dieser Generation? Ich meine hier nicht den Gott deiner Theologie. Es ist leicht zu sagen, er sei allmächtig, aber erwartest du, daß er hier und jetzt mächtige Dinge tut?

Der Gott der Bibel ist der Gott, der wie ein gewaltiger Sturm daherbraust. Er antwortet mit Feuer. Er ist der Gott großer Aufbrüche und Erweckungen, die ganze Generationen erfassen.

Die Zeit meiner Buße war nicht lange danach, als Gott mich und andere dazu benützt hatte, einen großen evangelistischen Einsatz für die ganze Stadt während der Olympischen Sommerspiele 1984 in Los Angeles zu leiten. Wir hatten damals einen Hauch von Erweckung erlebt, aber nun sah ich mich selbst zwei Jahre später, wie ich mich als viel beschäftigter religiöser Leiter abmühte, die Ergebnisse eines früheren Erfolgs zu verwalten. Ich hatte den großen Zusammenhang aus den Augen verloren. Ich stand nicht mehr unter dem Eindruck, daß Gottes mächtige Gegenwart auf unserer Stadt ruhte.

Ich blickte zurück auf den Mann, der ich während jenes Einsatzes gewesen war. Ich erinnerte mich, wie es gewesen war, zu weinen und zu beten und mein Herz von Gott mit einer Vision für die Stadt erfüllen zu lassen.

Als ich wegen meines Unglaubens und dessen Wurzeln des Stolzes Buße tat, begegnete Gott mir mit seiner Barmherzigkeit und begann, mein Herz mit einer Gabe des Glaubens für die Zukunft zu füllen, mit einem erneuerten Glauben für Erweckung in den Städten Amerikas.

Wir als Gläubige halten das Schicksal unserer Städte in der Hand. Erweckung oder Gericht - was wird es sein?

Die Antwort kann seltsamerweise beides sein. Betrachten wir die Kirchengeschichte, so sehen wir, daß Gericht und Erweckung oft gleichzeitig geschehen. Denken wir etwa an John Wycliff, »Morgenstern der Reformation« (1330-1384). Zur gleichen Zeit, als er seine neue englische Übersetzung der Bibel verbreitete, starb über ein Drittel der englischen Bevölkerung am Schwarzen Tod. Die Anhänger Wycliffs, die als Lollards bekannt waren, bekräftigten den Gehorsam gegenüber dem Wort Gottes und brachten eine solche Welle der Buße über tote Werke in die englische Kirche, daß die Lollards zu einer Bedrohung der Staatskirche wurden und schwere Verfolgung erlitten.

Was wird in der Endzeit passieren? Manche sagen einen großen Abfall vom Glauben voraus, andere jedoch eine weltweite Erweckung. Beides wird geschehen. Die Bibel prophezeit ein starkes Hervortreten von Dunkelheit und Licht am Ende der Zeiten. Satan wird von seinem Reich die Masken fallen lassen und seine Anstrengungen verstärken. Es wird keine trügerische Hoffnung von einem Mittelweg geben. Andererseits wird der Geist Gottes über die Erde ausgegossen und eine Ernte von noch nie dagewesenem Ausmaß für sein Reich eingeholt werden.

Ist dies die letzte Generation? Ich weiß es nicht, aber ich weiß, daß wir der ernsten Gefahr eines strengen Gerichts gegenüberstehen. Gott ist ein Gott der Barmherzigkeit und Gnade, aber er ist auch ein heiliger Gott, der das Leid haßt, das gottlose Menschen verursacht haben. Gott richtet eine Stadt oder eine Nation erst, wenn die Menschen wiederholt seine Botschaft und Warnung abgelehnt haben. Aber Gericht ist sein letztes Mittel.

Betrachten wir beispielsweise Amerika. Die statistischen Zahlen sind erschreckend.

- Während der letzten fünfzehn Jahre haben wir zwanzig Millionen ungeborene Kinder getötet - alle zwanzig Sekunden eines, viertausend Kinder am Tag.
- Die elterliche Zuneigung zu den Kindern ist soweit verkümmert, daß 1986 im ganzen Land 20'860 Säuglinge und Kleinkinder einfach ausgesetzt wurden. Diese Zahl hat sich in den letzten zehn Jahren verdreifacht, und Kindsmißhandlung ist um das Zwanzigfache gestiegen.
- Pornographie ist ein 32 Milliarden Dollar Geschäft.
- Illegaler Drogenhandel bringt schätzungsweise über 20 Milliarden Dollar ein.

- Homosexualität wird mittlerweile als Lebensstil völlig akzeptiert, und Ehebruch wird beiläufig als »sexuell aktiv« oder als Beziehungen mit »mehreren Partnern« beschrieben.

In Anbetracht der Tatsache, daß Gott eine Nation danach richtet, wie sie die Wahrheit erkennt, sind die Vereinigten Staaten in großen Schwierigkeiten. Wir sind dabei, Gott zu unserem Feind zu machen. »Dann fing er an, die Städte zu schelten, in denen seine meisten Wunderwerke geschehen waren, weil sie nicht Buße getan hatten...Doch ich sage euch: Dem Sodomer Land wird es erträglicher ergehen am Tag des Gerichts als dir« (Matthäus 11,20 u.24). Welches Land hörte die Wahrheit des Evangeliums mehr als die Vereinigten Staaten?

Wir sehen bereits, wie Gott seine schützende Hand hinweghebt. Wir haben bereits wiederholt Plagen, Naturkatastrophen, wirtschaftliche Umwälzungen und bedenkliche Wetterveränderungen erlebt. Wir müssen diese Warnungen ernstnehmen.

Im Jahr 1983 wurde mein Geist immer betrübter über die Gottlosigkeit in Los Angeles. Tag für Tag stieß ich, wenn ich meine Bibel öffnete, auf Passagen, die nahe bevorstehendes Gericht ankündigten. Es schien, als habe Gott plötzlich die Verheißung des Segens gestrichen. Ich erinnere mich, wie ich über 3. Mose 26,31 nachdachte und dabei das starke Empfinden hatte, daß Gott dies eigentlich über meine Stadt sagte: »Und ich werde eure Städte zur Trümmerstätte machen und eure Heiligtümer öde machen.«

Ich spürte das Bedürfnis, mich mit anderen Fürbittern zusammenzutun, und war kaum überrascht, als ich erfuhr, daß in der ganzen Stadt Männer und Frauen des Gebets Warnungen vor drohendem Unheil empfangen hatten. Ich erinnere mich besonders an ein Gebetstreffen. Ich betete mit meiner Mutter, Joy Dawson, und einem befreundeten Pastor namens Dan Sneed. Als wir vor dem Herrn warteten, kamen uns Bibelstellen in den Sinn, mit denen wir größtenteils nicht vertraut waren. Als wir sie nachschlugen, waren sie alle Ankündigungen strengen Gerichts.

Wir schrien zu Gott um Erbarmen für unsere Stadt, aber wir erhielten an jenem Tag keine Verheißung der Barmherzigkeit. Diese Zeit, in der wir im Gebet um Erbarmen rangen, dauerte bis zum letzten Tag des olympischen Einsatzes im Sommer 1984. Diesen Tag möchte ich beschreiben.

Ich wurde um 6 Uhr morgens durch einen Anruf von Jack Hayford, dem Pastor einer der lebendigsten Gemeinden in unserer Stadt, geweckt. »John, ich rufe gerade unsere Gemeinde auf, heute besonders eindringlich zu beten,« sagte er. Er spürte wie viele andere, daß wir eine grosse Katastrophe in der Stadt nur durch ernsthaftes Gebet abwenden konnten.

Äußerlich gesehen gab es keinerlei Anzeichen für ein bevorstehendes Unglück. Die Sonne schien auf eine Stadt, die mit Tausenden olympischer Flaggen geschmückt war. Die Welt hatte gerade ein Musterbeispiel amerikanischer Gastfreundschaft bzw. amerikanischen Organisationstalents erlebt.

In meinem Herzen wußte ich, daß wir beten mußten wie nie zuvor. Ich begann mich mit anderen telefonisch in Verbindung zu setzen.

Es war geplant, daß Mitarbeiter von Jugend mit einer Mission an jenem Tag bei einer Kundgebung in einem städtischen Park über ihre evangelistische Arbeit berichten sollten. Wir hatten während der Olympiade elftausend Leute für persönliche Evangelisation mobilisiert. Mehr als sechstausend davon waren Mitarbeiter von Jugend mit einer Mission aus der ganzen Welt.

Ich rief Loren Cunningham, Leiter von Jugend mit einer Mission, an. Er und seine Mitarbeiter verwandelten ihre Kundgebung im Freien in ein riesiges Gebetstreffen für die Stadt.

In einer unvergeßlichen Szene erhoben Christen aus mehr als dreißig Ländern in vielen Sprachen ihre Stimmen und beteten für unsere Stadt. Sie saßen mit geschlossenen Augen in kleinen Gruppen im ganzen Park verteilt im Gras und riefen ernsthaft zu Gott.

Erst um 16.30 Uhr an jenem Nachmittag begann sich dieses anhaltende Ringen im Gebet zu verändern. Viele Gebetsgruppen begannen gleichzeitig prophetische Worte und Schriftstellen zu erhalten, die Gottes Schutz und Erbarmen beschrieben.

Ich glaube, daß in jenem Sommer des Jahres 1984 Los Angeles etwas Schreckliches bevorgestanden hätte und daß dieses Unheil durch die Buße, den Gehorsam und das ernsthafte Gebet Tausender von Christen in der ganzen Stadt abgewendet wurde. Gott sucht immer noch Menschen, die vor ihm in den Riß treten, wie es in dem tragischen Ereignis aus dem Buch Hesekiel beschrieben wird.

> »Das Volk des Landes verübt Erpressung und begeht Raub; und den Elenden und Armen unterdrücken sie, und am Fremden handeln sie gegen jedes Recht.
> Und ich suchte einen Mann unter ihnen, der die Mauer zumauern und vor mir für das Land in den Riß treten könnte, damit ich es nicht verheeren müßte; aber ich fand keinen.
> So gieße ich meinen Zorn über sie aus, im Feuer meines Grimms vernichte ich sie, ihren Weg bringe ich auf ihren Kopf, spricht der Herr, Herr« (Hesekiel 22,29-31).

Es gibt einen Punkt, an dem Gott eine rebellische Stadt unwiderruflich zerstören wird. »Aber sie verhöhnten die Boten Gottes und verachteten seine Worte und verspotteten seine Propheten, bis der Zorn des Herrn gegen sein Volk so stieg, *daß es keine Heilung mehr gab*« (2. Chronik 36,16; eigene Hervorhebung).

Aber meist benützt Gott das Gericht als eine Form liebevoller Zurechtweisung. Der Prophet Jesaja spricht von Gericht, dem Erweckung folgt.

> An die Brust schlägt man sich wegen der prächtigen Fluren, wegen des fruchtbaren Weinstocks, wegen des Ackerlandes meines Volkes, das in Gestrüpp und Dornen aufgeht, ja, wegen aller Häuser voller Freude in der ausgelassenen Stadt. Denn der Palast ist aufgegeben, verödet das Getümmel der Stadt. Festung und Wachtturm dienen als Höhlen für ewig, zur Freude der Wildesel, zur Weidefläche der Herden, *bis der Geist aus der Höhe über uns ausgegossen wird* und die Wüste zum Fruchtgarten wird, und der Fruchtgarten dem Wald gleichgeachtet wird (Jesaja 32,12-15; eigene Hervorhebung).

Gläubigen Menschen wird während Zeiten des Gerichts Schutz verheißen. So wurde z.B. Rahab bewahrt, als Jericho zerstört wurde. Es ist jedoch auch wichtig zu verstehen, daß Gott wie das Feuer eines Schmelzers unter sein Volk kommt, um als Antwort auf unsere Gebete um Erweckung Sünde aufzudecken und zu richten. »Denn die Zeit ist gekommen, daß das Gericht anfange beim Haus Gottes...« (1. Petrus 4,17).

Wir stehen am Anfang schwieriger und unangenehmer Zeiten. Gott beschneidet und reinigt die Leiterschaft seiner Gemeinde, um uns auf eine Ernte vorzubereiten, wie sie die Welt noch nie erlebt hat - eine Ernte, die in einer Zeit eingeholt wird, in der die von Menschen geschaffenen Systeme sie im Stich lassen werden, in einer Zeit der Angst, des Zorns und der Unruhen.

Das explosionsartige Wachstum riesiger Städte könnte gleichzeitig auch Katastrophen mit sich bringen, wie sie in der Geschichte der Menschheit noch nie dagewesen sind. Die dicht bewohnten Hochhäuser in Mexiko City haben schon gezeigt, welch riesige Zahl von Todesopfern ein Erdbeben in einer Stadt fordern kann. Die Zerstörung von Hiroschima und Nagasaki hat gezeigt, wie schutzlos die Stadt in einem modernen Krieg ist. Aber das Entstehen von Superstädten hat auch eine positive Seite.

Das Entstehen einer weltweiten städtischen Kultur bereitet den ersten wirklich globalen geistlichen Aufbruch vor. Von China bis Brasilien werden die Städte immer einheitlicher in ihrer Kultur. Die Leute tragen westliche Kleidung, haben Fernsehen und kaufen Waren in Geschäften.

Zweckmäßiges Planen läßt weltweit eine einheitliche Architektur entstehen, und die Menschen sind durch die internationale Fiananzwelt und Unterhaltungsindustrie miteinander verbunden. Unterhaltung in Form von Filmen, Rockmusik und Fernsehen läßt die Jugendlichen der Welt zu Anhängern einer weltumfassenden städtischen Kultur werden. In den Städten Afrikas können Kinder die Tanzschritte von Michael Jackson nachahmen. Diese globale Vereinheitlichung von Missionsfeldern, besonders unter den Jugendlichen, stellt eine bedeutende, neue Entwicklung dar.

In den 40er Jahren gab es einige weltweite Handelsprodukte wie Coca Cola, aber in den 60er Jahren waren es menschliche Persönlichkeiten, die weltweit bekannt wurden. Die Beatles rühmten sich, populärer zu sein als Jesus Christus, und dies könnte bedauerlicherweise zugetroffen haben.

Die Führungsschicht der meisten Weltstädte benützt Englisch als Zweitsprache, und es wird so die Voraussetzung für die schnelle Verbreitung eines Produktes oder einer Idee geschaffen. Englisch wird von insgesamt einer Milliarde Menschen gesprochen, aber nur 360 Millionen benützen es als Muttersprache.

Linguistische Strömungen fließen in die englische Sprache ein, bereichern ihren Wortschatz und machen Englisch zu einer Sprache von ausschlaggebender Bedeutung, ungeachtet des Verfalls der britischen und amerikanischen Macht.

Die statistischen Zahlen sind erstaunlich. Das Oxford English Dictionary führt eine halbe Million Wörter an, aber eine weitere halbe Million technischer Bezeichnungen ist nicht erfaßt. Im Vergleich dazu hat Französisch weniger als einhunderttausend Wörter.

Für einen globalen geistlichen Aufbruch ist es unbedingt erforderlich, daß wir in der englischsprachigen Welt eine Erweckung erleben, besonders in den Vereinigten Staaten. Die amerikanischen Medien haben einen solch negativen moralischen Einfluß auf die Welt, daß die Vereinigten Staaten von iranischen Moslems öffentlich als »Großer Satan« angeprangert werden.

Könnten amerikanische Medien und Technologie so verändert werden, daß sie ein Segen statt ein Fluch sind? Dies ist eine wichtige Frage. Aber eine Erweckung in der englischsprachigen Welt könnte sehr rasch zur Verbreitung des Evangeliums in den Großstädten führen, selbst ohne Zugang zu den Medien.

Außer Englisch gibt es dreizehn große Handelssprachen, wie Russisch und Portugiesisch, die bestimmte Sprachgebiete beherrschen, und unter ihnen finden wir Sprachen von weniger zahlreichen Völkern und Stämmen. Es zeigt sich eine Tendenz zu immer geringerer sprachlicher Isolation.

Es ist an der Zeit, weltweiten Glauben auszuüben, weltweite Gebete zu beten und eine weltweite Ausgießung des Geistes Gottes zu erwarten. Mehr als die Hälfte der Menschen, die je gelebt haben, leben jetzt. Die Weltbevölkerung übersteigt fünf Milliarden. Wenn wir in dieser Generation keinen geistlichen Aufbruch erleben, werden mehr Menschen in eine Ewigkeit ohne Christus gehen als in allen vergangenen Generationen zusammengenommen. Ich kann mir nicht vorstellen, daß Gott dies zulassen würde. Die alten gewohnten Methoden sind nicht gut genug; wir haben nicht mehr genug Zeit.

Was wir brauchen ist eine souveräne Ausgießung des Heiligen Geistes auf Gottes Volk, gefolgt von einer großen Erwekkung unter den Verlorenen. König Davids letztes überliefertes Gebet ist ein Herzensschrei nach einer weltweiten Offenbarung der Herrlichkeit Gottes: »...Seine Herrlichkeit erfülle die ganze Erde! Amen, ja Amen. Es sind zu Ende die Gebete Davids, des Sohnes Isais« (Psalm 72,19-20).

Könnte es sein, daß bald eine Zeit kommt, da die ganze Erde mit seiner Herrlichkeit erfüllt sein wird? Ich glaube, daß die Gebete Davids und der Heiligen vieler Generationen beantwortet werden, wenn der große Missionsauftrag inmitten einer endzeitlichen unübertroffenen Ausgießung des Geistes Gottes vollendet wird.

Die weltumfassende städtische Kultur, die großen Handelssprachen und die internationalen Kommunikations- und Transportsysteme bereiten alles für eine Offenbarung Jesu vor, die jeden Menschen auf dieser Erde berühren wird. Die Tatsache, daß die Bibel vorhersagt, daß der Geist des Antichristen dieselben Mittel benützen wird, ist nicht unser Hauptinteresse. Unsere Priorität ist die Vollendung des großen Missionsbefehls und die Rückkehr unseres Königs.

> »Träufelt, ihr Himmel, von oben! Und ihr Wolken, fließt über von Gerechtigkeit! Das Land öffne seine Ackerfurchen, und sie sollen fruchtbar sein mit Heil, und es lasse Gerechtigkeit hervorwachsen zugleich! Ich, der Herr, habe es geschaffen.«
> (Jesaja 45,8)

Bei einer echten Erweckung wird der Heilige Geist mit überwältigender Macht ausgegossen. Das hebräische Wort für *Geist* ist *ruach*, und das heißt in der Grundbedeutung »heftig ausatmen, wie Explosionskraft oder -energie.« Am Pfingsttag wurden ängstliche Gläubige in mutige Evangelisten verwandelt, die Gott mehr fürchteten als die Menschen, und das Evangelium wurde mit Kraft gepredigt; dies bewirkte eine große Ernte.

Die alttestamentlichen Propheten sahen voraus, daß die Nachfolger Jesu, des Messias, mit Vollmacht ausgerüstet würden.

> »Und danach wird es geschehen, daß ich meinen Geist ausgießen werde über alles Fleisch. Und eure Söhne und eure Töchter werden weissagen, eure Greise werden Träume haben, eure jungen Männer werden Gesichte sehen. Und selbst über die Knechte und über die Mägde werde ich in jenen Tagen meinen Geist ausgießen. Und ich werde Wunderzeichen geben am Himmel und auf der Erde: Blut und Feuer und Rauchsäulen. Die Sonne wird sich in Finsternis verwandeln und der Mond in Blut, ehe der Tag des Herrn kommt, der große und furchtbare. Und es wird geschehen: Jeder, der den Namen des Herrn anruft, wird errettet werden« (Joel 3,1-5)

Es ist bemerkenswert, welche Menschengruppen während der Erweckung für den geistlichen Dienst gesalbt werden: Söhne und Töchter, alte und junge Männer, Knechte und Mägde. Wir werden überrascht sein, wen der Heilige Geist in der kommenden Erweckung zur Leiterschaft salbt. Ich glaube, daß aus den Reihen koreanischer Christen, schwarzer Christen und amerikanischer Indianer starke Leiterschaft hervorgehen wird. Es werden Propheten und Evangelisten hervortreten, die noch im Schulalter sind.

Erweckung wird unseren religiösen Stolz und unsere Selbstgefälligkeit zertrümmern. Deshalb werden die herrschenden religiösen Institutionen versucht sein, dem Wind des Heiligen Geistes zu widerstehen und die Beteiligten zu kritisieren. Um uns nicht in diese Versuchung zu führen, ist Gott momentan dabei, die Leiterschaft aufzurütteln, die während des evangelikalen Aufbruchs in den 50er Jahren in Erscheinung trat, und er diszipliniert die Leiterschaft, die aus der charismatischen Erneuerung und der Jesus Bewegung der 70er Jahre hervorging.

Wir dürfen in dieser gegenwärtigen Zeit, in der der Weinstock beschnitten wird, nicht die Hoffnung verlieren. Wir wollen auf den allmächtigen Gott schauen. Dieses Werk der Züchtigung soll uns auf die Vollmacht vorbereiten. Laßt uns wie die Urgemeinde in Einheit, Demut und Buße im Obergemach zusammenkommen und auf die Ausgießung des Geistes warten!

Unser Gebet sollte Jesaja 64,1-3 sein:

> »Ach, daß du die Himmel zerrissest, herabstiegest, so daß vor deinem Angesicht die Berge erbeben - wie Feuer Reisig entzündet, wie Feuer Wasser zum Wallen bringt -, um deinen Namen kundzutun deinen Gegnern, so daß vor deinem Angesicht die Nationen erzittern, wenn du furchtgebietende Taten vollbringst, die wir nicht erwarten und die man von alters her nicht vernahm!«

Kapitel 7

Die Stadt zur Erntezeit

»Aber das Volk, das seinen Gott kennt, wird sich stark erweisen und entsprechend handeln.«
Daniel 11,32

Wir sind nun zu dieser taktisch wichtigen Frage vorgedrungen: Warten wir auf die nächste Erweckung, oder treten wir jetzt in Aktion? Es ist ganz klar, daß wir uns niemals vom Evangelisieren zurückziehen sollen, denn als wir wiedergeboren wurden, wurden wir geboren um uns fortzupflanzen. Evangelisation muß unser Lebensstil sein.

Ich war in den vergangenen Jahren an vielen evangelistischen Einsätzen in Städten der ganzen Welt beteiligt. Ich erinnere mich, wie ich 1971 mit einem kleinen Team in Mietshäusern in Paris von Tür zu Tür ging. 1972 evangelisierte ich mit 1'200 anderen Christen auf den Straßen von München. Ich habe Einsätze in kleinen nordamerikanischen und in großen lateinamerikanischen Städten koordiniert. Ich habe mich mit anderen zu vielen verschiedenen Strategien und Methoden zusammengeschlossen. Einmal gehörte ich dem Vorbereitungsteam für den Billy Graham Feldzug in Los Angeles an, während ich gleichzeitig am Aufbau von seelsorgerlicher Betreuung für Ausreißer, Flüchtlinge und Kinder in der Innenstadt mitarbeitete. Bei all diesen Unternehmen habe ich die zentrale Bedeutung von Gebet und geistlicher Kampfführung kennengelernt.

Wenn wir die biblische Kampfführung nicht verstehen, werden wir bei unserem geistlichen Dienst für die Stadt frustriert, verärgert, verwirrt und erfolglos sein. Wir versuchen vielleicht, christliche Konzerte zu organisieren, eine Gemeinde aufzubauen oder Geschäftsleute für Gott zu erreichen. Das Prinzip ist dennoch dasselbe: Wir müssen Satan binden und eine Machtstellung über ihn einnehmen, ehe wir die völlige Frucht unserer Arbeit sehen werden.

Jesus sagte: »Wenn ich aber durch den Geist Gottes die Dämonen austreibe, so ist also das Reich Gottes zu euch gekommen. Oder wie kann jemand in das Haus des Starken eindringen und seinen Hausrat rauben, wenn er nicht zuvor den Starken bindet?« (Matthäus 12,28-29).

Wenn wir unsere biblische Waffenrüstung nicht gebrauchen, bleiben wir den Menschen gegenüber wirkungslos, denen wir zu dienen suchen. Ich hatte eine meiner ersten Erfahrungen mit der Macht des Gebets, als ich im Winter 1973 in kanadischen Gymnasien predigte. Durch den christlichen Club verschaffte ich mir in jeder Stadt Zugang zum Schulgelände, und wir benützten dann eine Reihe kreativer Methoden, um Zuhörer anzulocken und das Evangelium zu predigen. Wir hatten in allen Schulen gute Ergebnisse, aber eine Schule in Edmonton (Alberta) war von ganz besonderer Art.

Bei meiner Ankunft erfuhr ich, daß der ganze christliche Club in Vorbereitung auf das Treffen mehrere Tage lang gebetet und gefastet hatte. Der örtliche Leiter von Teen Challenge, ein Pastor der Pfingstgemeinde, hatte die Schüler über Prinzipien des Gebets belehrt. Als ich das Schulgelände betrat, spürte ich sofort die Gegenwart des Heiligen Geistes.

An jenem Tag war der größte Raum der Schule bis hinten hin besetzt, und Gott salbte mich, so daß ich predigte, wie nie zuvor. An einem Punkt forderte mich ein Zwischenrufer heraus und spottete über das Evangelium, aber Gott ließ mich eine Fülle von Einzelheiten aus seinem Leben erkennen. Ich zählte laut seine verborgenen Sünden auf, bis er den Raum verließ.

Als die Botschaft zu Ende war, wollten die Schüler nicht weggehen. Über den ganzen Raum verteilt standen kleine Gruppen, in ernsthaftes Gespräch vertieft. Viele sammelten sich um die Christen und stellten ihnen Fragen über Jesus. Es war für die Schüler Zeit, zu den Klassen zurückzugehen, aber sie ignorierten die Glocke. Schließlich betätigte der Direktor die Feueralarmglocke und ließ das Gebäude räumen, die Schüler sich im Schnee in Reihen aufstellen und sie zu ihren Klassen zurück marschieren.

Ich fühlte mich wie Paulus in Ephesus, während sich die Götzenbilder erhoben. Es war wunderbar, solche Ergebnisse zu sehen. In Wirklichkeit hatte jedoch dieser Durchbruch nur wenig mit meiner Predigt zu tun. Der harte Boden war von jenen Schülern gepflügt worden, die gefastet und gebetet hatten.

Der größte Gebetskampf, den ich erlebt habe, fand 1983 und 1984 in Los Angeles statt. Der evangelistische Einsatz während der Olympischen Spiele steht als Illustration im Mittelpunkt dieses Buches, und die Gebetsstrategie dazu und deren Ergebnisse gehören zu den spannendsten aller Geschichten.

Wir wußten, daß die Aufmerksamkeit der ganzen Welt auf unsere Stadt gerichtet sein wird. Wir erwarteten hunderttausende von ausländischen Besuchern auf unseren Straßen. Für die Kirche in Amerika bot sich deshalb eine einmalige Gelegenheit: Menschen aus fast allen Nationen der Erde würden in eine Stadt mit völliger Religionsfreiheit kommen, in eine Stadt, in der bereits Christen aus mindestens einhundert verschiedenen Kulturen und Sprachgruppen lebten.

Sechzehnhundert Gemeinden schlossen sich schließlich zu einem aktiven Bund zusammen. Zehn verschiedene Unterausschüsse, die jeder nur erdenklichen Form der Evange-

lisation zugeteilt waren, übernahmen die Leitung, aber wir alle kamen zum Gebet zusammen.

Zunächst trafen sich Repräsentanten von über dreißig Organisationen im Bonaventure Hotel zum Gebet, und von ihnen wurde der evangelistische Einsatz ins Leben gerufen. Daraufhin beteten über zweihundert Pastoren und christliche Leiter an drei Tagen und Abenden im Versammlungsraum der Heilsarmee auf dem Hollywood Boulevard. In der ganzen Nation und überall in der Welt wurden »Gebetsnetze« aktiviert.

Eine Frauengebetsgruppe erwarb detaillierte Stadtpläne. Sie beteten über Monate hinweg für die Bewohner jeder Straße. Gemeinden beteten. Gemeinden von vielen verschiedenen Kirchen der ganzen Stadt beteten zusammen bei einem Gebetskonzert. Bei einer internationalen Gebetskonferenz in Korea, bei der mehr als dreihunderttausend Fürbitter anwesend waren, wurde sogar eine Zeit des Gebets für Los Angeles eingeplant. Fernsehen, Illustrierte und Zeitungen brachten Interviews und Artikel, die zum Gebet für eine große Ernte aufriefen. Am allerwichtigsten war jedoch, daß die Pastoren in der Stadt damit begannen, sich jeden Monat auf dem Gelände des Olympiadorfes zum Gebet zu treffen.

Als der Einsatz schließlich begann, hatte sich die geistliche Atmosphäre der Stadt völlig verändert. Die Erntezeit war gekommen. Die Teams berichteten, daß täglich mehr als tausend Menschen zu Jesus kamen. Ich erinnere mich, wie ich sechshundert neue Mitarbeiter, die sich in einer Gemeinde in Long Beach versammelt hatten, Evangelisation lehrte. »Satans Macht über die Stadt ist gebrochen,« sagte ich. »Aufgrund all der Gebete ist der Heilige Geist gerade jetzt im Leben der Menschen am Wirken.«

Während der Pause zwischen zwei Lehrveranstaltungen verließ ich das Gebäude, um in einem nahegelegenen Restaurant zu telefonierten. Durch eine Reihe ungewöhnlicher Umstände gelang es mir, in jenen zwanzig Minuten einen Ingenieur von Hughes Aircraft zu Christus zu führen. »Ich brauchte heute eine Begegnung mit einem Menschen, der Gott kennt,« sagte er, als wir uns mit Tränen in den Augen voneinander verabschiedeten. Ich kehrte zu meinen Schülern mit einer Geschichte zurück, die deren Glauben für ähnliche von Gott geführte Begegnungen stärkte. In den darauffolgenden Tagen führte jeder von ihnen einen anderen Menschen zu Christus.

Während des Sommers 1984 erlebten die Christen von Los Angeles für eine kurze Zeit in ihrer Stadt eine Atmosphäre, die von geistlicher Bedrückung frei war. Die Auswirkung war ermutigend. Sie zeigte uns, was in den folgenden Jahren passieren könnte, wenn wir den Kampf fortsetzten. In allen Lebensbereichen dieser Stadt waren die Veränderungen sichtbar. Die Leute waren freundlich und fröhlich. Selbst die sommerlichen Verkehrsstaus und die Luftverschmutzung blieben aus. Auch die Kriminalität ging zurück, obwohl man ein Ansteigen der Verbrechensquote erwartet hatte.

Einer meiner Freunde, der bei der Polizeiakademie eine Ausbildung als Seelsorger machte, besuchte das städtische Leichenhaus kurz nach dem Einsatz. Ein amtlicher Leichenbeschauer erklärte ihm, daß im Leichenhaus normalerweise achtundsiebzig Leichen pro Tag eingingen, viele Mordopfer inbegriffen. Mein Freund wollte wissen, ob sich jemals die statistischen Zahlen radikal verändert hätten?

Der Leichenbeschauer gab eine erstaunliche Antwort. »Ja,« sagte er, »während der zwei Wochen der Olympischen Spiele gab es keinen Mord.«

Das bleibende Vermächtnis dieses Einsatzes und vielleicht Gottes eigentliches Ziel war, daß die mit sich selbst beschäftigten geistlichen Leiter, die vielfach als Einzelgänger arbeiteten, zu einer geordneten Armee mit gemeinsamen Zielen geeint wurden. Wir fanden heraus, daß wir in dieser Einheit neue Kraft gewannen, um die Mächte der Finsternis zurückzuhalten. Wir erlebten großen Erfolg bei der Evangelisation. Wir lernten, die Mächte der Finsternis, die über der Stadt herrschten, zu erkennen und durch geistliche Kampfführung ihr Joch zu brechen.

Geistliche Kampfführung fordert zwei grundlegende Schritte. Zuerst müssen wir die Lüge des Feindes erkennen. Dann gilt es, die Autorität Jesu auszuüben, um satanische Aktivitäten zu unterbinden.

Die Bibel sagt, Satan ist *wie* ein brüllender Löwe. Es gibt jedoch nur einen Löwen mit wahrer Autorität, und das ist der Löwe von Juda. Satan gewinnt nur dann an Autorität, wenn Menschen der Anklage und dem Betrug des Feindes unterliegen. Die Bibel sagt, daß wir eines Tages mit Erstaunen den Feind ansehen und uns fragen werden: »Ist das der Mann, der die Erde erbeben ließ, Königreiche erschütterte?« (Jesaja 14,16). Er wird in Wirklichkeit klein und kraftlos sein.

In jedem Kampf um eine Person, eine Familie, eine Gemeinde oder eine Stadt ist die halbe Schlacht schon gewonnen, wenn wir die Lüge erkannt haben. Ist dieser Betrug einmal aufgedeckt, können wir die jeweiligen Verheißungen im Wort Gottes anwenden, die die Grundlage unseres Glaubens und unserer Autorität sind. Wir lesen in der Bibel, wie Jesus dem Teufel während der Zeit der Versuchung in der Wüste auf diese Weise widerstand.

Selbst wenn ich für Menschen bete, die die Lüge des Feindes annehmen und glauben, wie etwa überzeugte Moslems, kann ich als Gebetskämpfer im Riß stehen und sie von religiösen Geistern oder irgendeiner anderen Form dämonischer Unterdrückung freisetzen.

In Jesaja 60 heißt es, daß die Völker der Erde in großer Dunkelheit sitzen. Können wir uns vorstellen, einen verdunkelten Raum zu betreten, der voll mit Menschen besetzt ist, die eine Multimedienshow sehen - Menschen, die niemals etwas anderes erlebt haben als Dunkelheit und die Sinnestäuschung der Medienbilder, die vor ihren Augen flimmern? Können wir uns vorstellen, in diesen Raum einzutreten, das Licht anzumachen und die Anwesenden zu bitten, sich umzudrehen und die nüchternen technischen Geräte zu betrachten, welche für die wirksame Sinnestäuschung verantwortlich sind? Genau in dieser Weise arbeitet Satan: Er ist ein Filmvorführer, ein Zauberkünstler, ein Betrüger - er ist der Vater der Lüge.

Die Gewalten zu erkennen, die unsere Stadt beherrschen, kann so leicht sein, wie Gott einfach zu bitten, uns zu zeigen, was vorgeht. Gott will aber auch, daß wir unseren Verstand benutzen, um die Dinge zu durchdenken, die er uns bereits gelehrt hat, und sie anzuwenden. In 1. Mose 22,17 heißt es: »Deine Nachkommenschaft wird das Tor ihrer Feinde in Besitz nehmen.«

In der Bibel stellen die Stadttore den Ort des Zugangs, der Autorität und der Entscheidung dar. Es wird uns verheißen, daß selbst die Pforten der Hölle die Gemeinde nicht überwältigen werden. Im nächsten Teil wollen wir untersuchen, wie wir die Tore unserer Stadt erkennen können.

Bevor Nehemia versuchte, die Mauer Jerusalems wieder aufzubauen, sah er sich den Schaden zuerst genau an (Nehemia 2,13). Auch wir müssen uns zuerst einen Einblick in die Situation verschaffen, ehe wir in die Schlacht ziehen. In den nächsten vier Kapiteln wollen wir wesentliche Forschungsergebnisse auf dem Gebiet der Geschichte, der Bündnisse, gegenwärtiger Offenbarung und der Bevölkerungsstatistik untersuchen.

Teil III

Die Tore unserer Stadt erkennen

»So zog ich nachts durch das Taltor hinaus, in Richtung auf die Drachenquelle und das Aschentor. Und ich untersuchte die Mauern von Jerusalem, die niedergerissen, und ihre Tore, die vom Feuer verzehrt waren.« Nehemia 2,13

Kapitel 8

Die geistliche Beurteilung der Geschichte

»...damit man in dem Buch der Denkwürdigkeiten deiner Väter nachforsche. Und du wirst in dem Buch der Denkwürdigkeiten finden und erkennen, daß diese Stadt eine aufrührerische Stadt gewesen ist, die Könige und Länder geschädigt hat, und daß man von den Tagen der Vorzeit her Empörung darin gestiftet hat. Deshalb ist diese Stadt zerstört worden.« Esra 4,15

Frage dich, warum diese Stadt hier ist? Ist sie nur ein Produkt von Geographie und Handel, oder hat Gott sich einen Erlösungsplan für sie ausgedacht? Jona war überrascht darüber, wie Gott Ninive sah. Deine Stadt ist Gottes Stadt. Die Menschen sind nach seinem Bild geschaffen. Satan ist ein Eindringling und herrscht unrechtmäßig in unserem Territorium. Gott gab nicht den Dämonen Autorität über deine Stadt. Die Dämonen sind vor der Erschaffung des Menschen in die Erdatmosphäre eingedrungen, aber sie können ihre Macht nur dann auf eine Stadt oder Institution ausdehnen, wenn Menschen sündigen.

Wenn du einen Blick in die Geschichte deiner Stadt wirfst, wirst du Hinweise darauf finden, was die Menschen heute bedrückt. Dies ist unser Planet, und die einzige Macht, die Satan besitzt, ist gestohlene menschliche Macht. Er gewinnt diese Macht erst dann, wenn Menschen beginnen, seine Lüge zu glauben, seine Anklage anzunehmen und verführt werden, seinem Plan zu folgen. Denken wir an den Geist der Habgier, der sich während des kalifornischen Goldrausches verbreitete und bis heute die Kultur von Los Angeles und San Francisco beherrscht.

Ganze Länder werden durch satanische Lügen, die zu Eckpfeilern der jeweiligen Kultur geworden sind, in Dunkelheit gefangengehalten. Viele Australier müssen beispielsweise gegen Ablehnung und Angst ankämpfen, weil ihr Land aus einer Sträflingskolonie entstanden ist. Über diese grausamen Wurzeln australischer Geschichte verschaffte Satan sich Zugang zu den Menschen, und es ist ihm gelungen, ein allgemeines Mißtrauen gegenüber allen Autoritätspersonen zu verbreiten, einschließlich der höchsten von allen, die natürlich Gott selbst ist.

Tatsache ist, daß Australien nicht auf Ablehnung und Unrecht gegründet wurde, sondern eine Nation, ein auserwähltes Volk ist, das ebensoviel Würde und Potential besitzt, wie jedes andere Volk der Geschichte. Die Australier werden von ihrem himmlischen Vater, der ihnen seine Heilung und Ziele offenbaren möchte, sehr geliebt.

1979 erlebte ich in Sydney ein überkonfessionelles Treffen von fünfzehntausend Gläubigen, die für ihre Nation einen Bund mit Gott schlossen. Als ein geistlicher Leiter die Menge dazu aufrief, Großbritannien das Unrecht zu vergeben, das ihre Vorväter bei der Gründung als Sträflingskolonie erlitten hatten, geschah eine geistliche Befreiung.

Seitdem ist Australien durch seine Kirche mit prophetischen Offenbarungen über die Bestimmung der Nation überflutet worden. Australische Christen haben angefangen, viele Hinweise auf Gottes Wirken sogar in der Anfangszeit ihrer Landesgeschichte zu entdecken, und sie sind voller Glauben für die Zukunft.

So wie diese australischen Christen müssen auch wir die gegenwärtigen Schwierigkeiten im historischen Zusammenhang sehen. Das Studium der Geschichte kann uns Anhaltspunkte über Gottes Absicht für eine Stadt geben sowie über die Stelle durch die der Böse sich Zugang verschaffte. In Epheser 4,27 werden wir davor gewarnt, dem Teufel ein Einfallstor zu öffnen.

Als ich kürzlich die Geschichte einer Stadt in Kalifornien studierte, stieß ich auf den Ort und die Zeit, wo Satan möglicherweise Zugang erhielt. Die Zeit, in der eine Stadt gegründet wurde, ist sehr wichtig, denn Satan pflegt sich gern beim »Geburtsvorgang« einzumischen. »Und der Drache stand vor der Frau, die im Begriff war, zu gebären, um, wenn sie geboren hätte, ihr Kind zu verschlingen« (Offenbarung 12,4).

In dieser bestimmten Stadt hatten sich die ersten Siedler versammelt, um den Bau einer Kapelle zu planen, die von verschiedenen Gemeinden, wie etwa den Lutheranern, den Methodisten, den Presbyterianern und den Baptisten, abwechselnd benützt werden sollte. Die Verhandlungen verliefen reibungslos, bis zwei angesehene Bürger der Stadt eine persönliche Auseinandersetzung hatten. Der Ausbruch dieses Streits führte schließlich zu einer Spaltung der christlichen Gemeinschaft. Einhundert Jahre später ist diese Stadt immer noch durch Uneinigkeit und religiöse Kontroversen gekennzeichnet.

Was können wir heute dagegen tun? Was können wir jetzt tun, um böse Einflüsse zu verändern, die sich bei der »Geburt« unserer Stadt eingeschlichen haben? Die Heilige Schrift gibt uns eine Antwort auf diese Frage. Die Bibel fordert uns auf, den Weg des Herrn zu bereiten, indem wir die Steine, die uns behindern, aus dem Weg räumen. »Zieht hindurch, zieht hindurch durch die Tore! Bereitet den Weg des Volkes! Bahnt,

bahnt die Straße, reinigt sie von Steinen! Richtet ein Feldzeichen auf über den Völkern!« (Jesaja 62,10).

Die heutige Generation kann durch Buße, Versöhnung und Gebet daran mitarbeiten, die eingerissenen Mauern der Stadt wieder aufzubauen.

> »Und die von dir kommen, werden die uralten Trümmerstätten aufbauen; die Grundmauern vergangener Generationen wirst du aufrichten. Und du wirst genannt werden: Vermaurer von Breschen, Wiederhersteller von Straßen zum Wohnen.« (Jesaja 58,12)

Wenn wir die Einheit zwischen den Gemeinden einer Stadt wieder herstellen, leisten wir einen wichtigen Beitrag, die Mauer aufzubauen. Vor kurzem waren die Ältesten einer unabhängigen charismatischen Gemeinde im Gebet und fragten Gott, warum die Gemeinde scheinbar nur bis zu einem gewissen Punkt und nicht darüber hinaus wachsen konnte. Der Heilige Geist lenkte ihre Aufmerksamkeit auf ihre Wurzeln als Gemeinde. Sie stellten einige Nachforschungen an und fanden heraus, daß ihre Gemeinde vor zwei Generationen durch die Abspaltung einer aufrührerischen Partei von einer Pfingstgemeinde in der Innenstadt entstanden war.

Obwohl zu diesem Zeitpunkt keine Feindseligkeit zwischen den beiden Gemeinden mehr bestand, gingen die Ältesten in Demut zur Muttergemeinde und baten bei einem Treffen mit dem Pastor und dem Gemeindevorstand die Gemeinde um Vergebung. Keiner der Anwesenden konnte sich an diese vergangenen Ereignisse erinnern, aber alle spürten, daß durch diese einfachen Gehorsamsschritte gegenüber dem Heiligen Geist etwas sehr wichtiges freigesetzt worden war.

Wenn die Gemeinden einer Stadt in Einheit sind, haben sie große Kraft, um Satans Reich in ihrer Stadt mitsamt den Wurzeln auszurotten. Ich hatte 1988 das Vorrecht, in den Gemeinden von Reno (Nevada) zu dienen. Die Wirtschaft dieser Stadt gründet sich auf Laster, vor allem auf das Spielen um Geld. Reno ist wegen seiner Sünden bekannt.

Fünfzehn Gemeinden kamen zusammen und mieteten eine große Halle mitten in der Stadt. Nachdem ich über das Thema »Die Tore unserer Stadt erkennen« gesprochen hatte, nahm ich die Geschichte dieser Stadt als Bezugspunkt und begann, das Wirken bestimmter geistlicher Mächte zu enthüllen. Die Aufzählung beinhaltete Unabhängigkeit, Isolierung, Selbstüberhebung, Rückzug, Rebellion, Angst vor Autorität, Dominanz, Mammon, Wettbewerbstreben, Zorn, Gewalt, Depression, Entmutigung, das Brechen von Bündnissen und falsche Sicherheit.

In vielen Beziehungen ist Reno einfach ein übertriebenes Beispiel einer klassischen Stadt des amerikanischen Westens, die von stark unabhängigen Menschen in der Wildnis aus dem Boden gestampft wurde. Die heutigen Bürger von Reno rühmen immer noch die Stärke des Individuums.

Nach der Botschaft versammelten sich die Pastoren auf der Bühne und gingen gemeinsam gegen die Mächte der Finsternis an. Als erstes demütigten sie sich. Sie bekannten sich schuldig, den Versuchungen der Stadt nachgegeben zu haben, zwar nicht den augenfälligen wie Geldspiel und sinnlicher Lust, sondern dem mehr verborgenen Druck der Unabhängigkeit und der Isolierung.

Ein Bruder erzählte von seiner Auseinandersetzung mit einem Autofahrer. Er hätte sich fast mit dem anderen Fahrer geschlagen, als er sich plötzlich erinnerte, wer er war - ein Pastor, der Christus repräsentierte. »Ich ließ mich beinahe vom Geist der Gewalttätigkeit und Gesetzlosigkeit überwältigen,« bekannte er, als er darüber Buße tat. Viele der Anwesenden identifizierten sich mit seinem Sündenbekenntnis. Während andere Pastoren den Weg zum Thron der Gnade aufzeigten, geschah an jenem Tag eine große Reinigung im Leben der Gemeinde dieser Stadt. Dann verbrachten die Pastoren Zeit mit Lobpreis und Fürbitte, und das Treffen erreichte schließlich seinen Höhepunkt, als Gottes Autorität über Reno verkündigt wurde.

Die Beschäftigung mit der Geschichte einer Stadt gibt oft Aufschluß über die Verletzungen, die ein Volk erlitten hat. Manche Städte tragen Verletzungen, weil sie abgelehnt wurden, und fühlen sich minderwertig, weil ihre Bemühungen, die Hauptstadt zu werden, erfolglos waren, oder weil sie von einer erfolgreicheren Stadt in ihrer Nähe überschattet wurden. Eine ganze Kultur kann eine Verletzung erleiden, die zu einem größeren Hindernis für das Evangelium werden kann.

Nehmen wir beispielsweise Mexiko. Handelt es sich um eine verhältnismäßig junge Nationen, wie wir sie auf den amerikanischen Kontinenten finden, müssen wir uns mit der Erfahrung der ersten Generation beschäftigen, die dort geboren wurde. Mexikaner tragen eine Mischung von spanischem und indianischem Erbe in sich.

Betrachten wir einmal die Familienerfahrung der ersten Generation der Mexikaner. Der Vater war oft ein weißer Spanier, die Mutter eine Indianerin. Ihre Kinder wurden in zwei gegensätzliche Kulturen hineingeboren. Ein Sohn beispielsweise nahm sich seinen Vater, den stolzen, starken Eroberer, zum Vorbild, aber Wärme und Zuneigung fand er bei seiner indianischen Mutter. Diese Erfahrung der Gründungszeit hat das Wachstum des Königreich Gottes in Mexiko stark gehemmt, weil ein verzerrtes Bild von Gott-Vater existiert.

Diese Erkenntnis bestimmt unsere Strategie bei der Evangelisation. Die öffentliche Verurteilung unangemessener Marienverehrung, die viele Mexikaner zu praktizieren scheinen, wird das Gegenteil bewirken, wenn wir nicht Mittel und Wege finden, ihnen den himmlischen Vater in seiner sanften Gnade nahe zu bringen. In der mexikanischen Kultur ist Jesus immer ein Kleinkind oder ein Opfer. Der Vater ist abwesend, und Maria ist die einzige, über die man Zugang zum Vater findet.

Tausende von Marienstatuen, die Mutter und Kind darstellen, haben vielleicht mehr mit einer verwundeten Kultur als mit den Lehren des Katholizismus zu tun. Bevor wir uns anmaßen, gegen religiöse Geister zu beten, sollten wir uns versichern, daß wir wirklich mit Gottes Gesinnung und seinen Gedanken diese Situation sehen.

Die Geschichte mit Hilfe des Heiligen Geistes zu erforschen, kann eine der lohnendsten Vorbereitungen für den Dienst in einer Stadt sein. Gott kann die komplizierten Wurzeln alter heidnischer Gebundenheit offenbaren. -So liegt z.B. der römische Tempel des Mithras unter den Straßen Londons begraben, oder es gilt einfach, die Bedeutung eines Namens zu erkennen.

Hast du schon einmal über »San Francisco« nachgedacht? Was bedeutet dieser Name? Er bezieht sich auf Franz von Assisi, den radikalsten Propheten seiner Generation, der gegen den Mammon anging. San Francisco ist ein Vorkämpfer. Es ist auf seine Art eine prophetische Stadt. Diese Stadt entstand während des Goldrausches, in Kalifornien, als Habgier und Sittenlosigkeit überhandnahmen, aber Gott war schon vorher da. Er kennzeichnete die Stadt mit dem Namen eines Mannes, der prophetisch gegen Habgier predigte, und es ist Gottes Absicht, diese Stadt als einen Vorkämpfer der Gerechtigkeit zu gebrauchen. Es gibt jedoch noch viel zu tun.

Die folgende Liste enthält wichtige Fragen, die du bei den Nachforschungen über die Geschichte deiner Stadt stellen solltest:

1) Welchen Platz nimmt deine Stadt in der Geschichte deines Landes ein?
2) Wurde ihr durch Eroberung zu irgendeinem Zeitpunkt eine neue Kultur oder Sprache aufgezwungen?
3) Welche religiösen Praktiken alter Völker wurden an dieser Stätte ausgeübt?
4) Ist zu irgendeiner Zeit eine neue Religion entstanden?
5) Unter welchen Umständen ist das Evangelium das erste Mal in die Stadt gekommen?
6) Hat sich die Landes- oder Stadtregierung jemals aufgelöst?

7) Welchen Führungsstil hatten vergangene Regierungen?
8) Hat es jemals Kriege gegeben, die Auswirkungen auf die Stadt hatten?
   - Eroberungskriege?
   - Verteidigungskriege?
   - Bürgerkriege?
9) War die Stadt selbst Schauplatz einer Schlacht?
10) Welche Beinamen hat man der Stadt im Laufe der Zeit gegeben, und was sind ihre Bedeutungen?
11) Warum wurde die Stadt ursprünglich gegründet?
12) Hatte die Stadt einen Gründer? Was war sein Traum?
13) Welche Ziele haben die politischen, militärischen und religiösen Leiter die hervortraten für sich selbst und für ihre Stadt erstrebt?
14) Welche politischen, wirtschaftlichen und religiösen Institutionen haben das Leben dieser Stadt bestimmt?
15) Welche Erfahrung haben Einwanderer in der Stadt gemacht?
16) Hat es irgendwelche traumatischen Erfahrungen, wie wirtschaftlicher Zusammenbruch, Rassenunruhen oder ein Erdbeben gegeben?
17) Hat die Stadt jemals die Entstehung einer Technologie erlebt, die soziale Umwälzungen zur Folge hatte?
18) Hat es jemals eine unerwartete Gelegenheit gegeben, zu Reichtum zu gelangen, wie etwa die Entdeckung von Öl oder einer neuen Bewässerungsmethode?
19) Hat es jemals religiöse Konflikte zwischen verschiedenen Religionen oder zwischen Christen gegeben?
20) Wie war der geschichtliche Verlauf der Rassenbeziehungen?

Die Stadtbibliotheken, Museen und historischen Gesellschaften bieten reichhaltige Information über die Geschichte einer Stadt.

Es ist eine gute Idee, eine Sammelmappe für Zeitungsausschnitte und Notizen anzulegen. Das Gebetsleben einer Gemeinde ist viel interessanter und wirksamer, wenn wir es uns zur Gewohnheit machen, Nachforschungen anzustellen. Du wirst erstaunt sein, was Gott dir alles zeigt, wenn du einfach die Zeitung liest oder dich in einer Buchhandlung nach einschlägiger Literatur umsiehst.

Es ist auch empfehlenswert, sich einer Gebetsgruppe anzuschließen, um mit anderen zusammen zu beten und Informationen auszutauschen, oder sich auch mit Freunden und Familienmitgliedern zusammenzuschließen, um die Geschichte der Stadt, der Umgebung, wichtiger Institutionen und historischer Schauplätze zu erforschen.

Eine Ortsgemeinde in Austin (Texas) veranstaltete ein Jahr lang jeden Samstagnachmittag Gebetsmärsche durch verschiedene Stadtteile. Diese Methode ist eine der besten Möglichkeiten, ein echtes Verständnis von den Menschen zu gewinnen, die wir mit dem Evangelium erreichen sollen. Bete in jedem Stadtteil und laß Gott dort zu dir sprechen. Betrachte die ganze Stadt als dein Erbe!

> »Denn Gott wird Zion retten und die Städte Judas bauen; und sie werden dort wohnen und es besitzen. Die Nachkommen seiner Knechte werden es erben; und die seinen Namen lieben, werden darin wohnen.« (Psalm 69,36.37)

Ich möchte dir noch eine Frage zum Nachdenken geben: Findet sich in den Wurzeln dieser Stadt irgendetwas, was Gottes Gericht statt seines Segens bewirken könnte?

Wir könnten zum Beispiel fragen: Haben wir uns vor Gott in rechter Weise mit der Sünde der Sklaverei befaßt? Die Sklaverei in Amerika ist zwar schon längst vorbei, aber ihr Erbe verfolgt die Kirche heute immer noch. Am Sonntag tritt die Rassentrennung am stärksten zutage. Im Bereich der Erziehung, des Handels und der Unterhaltung ist die Aufhebung der Rassenschranken viel weiter fortgeschritten als in der Kirche. Was ist der Grund dafür?

Es gibt hier noch einiges aufzuarbeiten. Eine der Ursachen anhaltender Rassenvorurteile ist die ungelöste Schuld, die unter der weißen Bevölkerung immer noch besteht. Es ist an der Zeit, daß der Fluch aufgehoben wird und daß Schuldvergebung und Versöhnung stattfinden. Das ist Jesu Dienst, und wir sind sein Leib.

In einer Stadt des mittleren Westens, mit deren Geschichte ich mich näher befaßte, dürfte ein durch Rassismus begangenes Unrecht der einzige größere Schandfleck in ihrer sonst makellosen Vergangenheit sein. Und es scheint alles durch einen schändlichen Vorfall ausgelöst worden zu sein:

Ein unschuldiger Schwarzer wurde von einem weißen Mob gelyncht, der über ein ungelöstes Verbrechen aufgebracht war. Diese Geschichte wurde mir von Leuten so lebhaft geschildert, als sei sie erst gestern passiert. Dieser Vorfall hat also nichts von seiner Macht, Schuldgefühle und Bitterkeit hervorzurufen, verloren obgleich er sich vor vielen Generationen ereignet hatte.

Buße, Versöhnung und Heilung können stattfinden, wenn die Christen der schwarzen und weißen Bevölkerungsschicht sich mit den Sünden und dem Leid ihrer Vorfahren identifizieren. Wenn die Sünden bekannt und Beziehungen wiederhergestellt werden, kann die Autorität Gottes über die dämonischen Mächte, welche in der Vergangenheit Eingang fanden ausgeübt werden.

Ein neu Zugezogener ist versucht, das Problem von sich zu weisen, da er doch erst kurz in der Stadt wohnt. Aber wenn Gott dich in eine Stadt bringt, dann wirst du Teil der örtlichen Gemeinde und du übernimmst ihr Erbe, ganz gleich ob es gut oder schlecht ist. Du trägst jetzt auch Verantwortung für ihre ungelösten Probleme.

Vor kurzem diskutierte ich mit einer großen Gruppe koreanischer Pastoren über dieses Thema. - Aufgrund massenhafter

Einwanderung sind zehn Prozent der Gemeinden in Los Angeles jetzt koreanisch. - Ich sprach mit diesen Männern, die wie ich Einwanderer sind, über die Tatsache, daß unsere Kinder und auch ihre Kinder Amerikaner sein werden.

Ich als gebürtiger Neuseeländer und sie als Koreaner sind nun Teil der amerikanischen Gemeinde. Wir kämpfen auf einem neuen Schlachtfeld, mit neuen Feinden und neuen Verbündeten. Wir sind von Gott zum Kampf aufgeboten.

Kapitel 9

Die Geschichte von Gottes Volk und seinen Bündnissen

»So laßt uns jetzt mit unserem Gott einen Bund schließen...« Esra 10,3

Es lohnt sich, die Geschichte des Volkes Gottes in unserer Stadt und besonders die Zeiten der Erweckung zu studieren. Gott hält seinen Bund, und wir werden vielleicht überrascht sein, wenn wir entdecken, welche Verheißungen frühere Generationen empfangen haben, als sie als unsere geistlichen Vorfahren den gleichen Kampf kämpften.

Wenn wir die Christen, die uns vorangegangen sind, achten und respektieren, üben wir Demut. Dieser Prozeß inspiriert auch unseren Glauben.

Weil Gott mit David einen Bund geschlossen hatte, lebte Josias Generation in einer Zeit der Erweckung statt des Gerichts. Wenn du zum Beispiel in Los Angeles lebst, kannst du durch das Studium der Azusa Street Erweckung vielleicht ein besseres Verständnis vom heutigen Kampf gewinnen.

Während Zeiten der Erweckung entsteht ein klares Bewußtsein gegenüber dem Übernatürlichen. Oft werden Berichte wiedergegeben und Bücher geschrieben, die wichtige Einblikke enthalten. Der Kampf ist nicht neu, und wir selbst sind die

Frucht der gewaltigen Anstrengungen vergangener Generationen. Noch bevor wir geboren wurden, schrien die Heiligen vergangener Zeiten zu Gott und baten ihn um eine Offenbarung Jesu in unserer Generation.

Wir haben Menschen wie Wilber Chapman viel zu verdanken. Er war ein presbyterianischer Evangelist, der die Stadt Denver so zum Gebet motivierte, daß während mehrerer arbeitsreicher Wochentage des Jahres 1905 das ganze Geschäftsleben praktisch stillgelegt war. Wenn du heute als Christ in Denver lebst, solltest du zur Kenntnis nehmen, daß im Jahr 1921 bei einer dreiwöchigen Evangelisaton mit Aimee Semple McPherson zehntausend bußfertiger Menschen öffentlich Jesus als ihren Erretter annahmen. Die ganze Stadt war tief erschüttert. Der Bürgermeister und viele prominente Bürger nahmen damals an den Versammlungen teil.

In beiden Fällen wurden die Evangelisten von den Pastoren der Stadt unterstützt, die sich in Einheit zusammengeschlossen hatten. Was sagten diese Pastoren zu Gott? Und noch wichtiger, was sagte Gott zu ihnen? Wie einst Josia könnte es uns überraschen, daß unsere Namen in einem Buch aufgezeichnet sind: »Siehe, ein Sohn wird dem Haus David geboren werden, sein Name ist Josia« (1. Könige 13,2). Man kann sich vorstellen, wie schockiert Josia war, als beim Wiederaufbau des Tempels das Buch des Gesetzes gefunden wurde und er seine eigene Bestimmung entdeckte.

Josia erkannte auch, daß sein Volk gerichtet wurde, weil sie ihren Bund mit Gott nicht eingehalten hatten.

> »Und es geschah, als der König die Worte des Gesetzes hörte, da zerriß er seine Kleider... Denn groß ist der Zorn des Herrn, der sich über uns ergossen hat, weil unsere Väter das Wort des Herrn nicht beachtet haben, um nach allem zu tun, was in diesem Buch aufgeschrieben ist.« (2. Chronik 34,19.21)

In vielerlei Hinsicht gleicht die heutige Generation der Josias. Wir leben in einer Zeit, die dem sicheren, aber noch aufgeschobenen Gericht Gottes entgegengeht. Das Gericht ist bereits angekündigt und ist unvermeidlich, aber wir können uns in Demut zu Gott wenden, und er wird uns zusammen mit unseren Kindern geistlich erneuern.

> »Weil dein Herz weich geworden ist und du dich vor Gott gedemütigt hast, als du seine Worte über diesen Ort und über seine Bewohner hörtest, und weil du dich vor mir gedemütigt und deine Kleider zerrissen und vor mir geweint hast, darum habe auch ich es gehört, spricht der Herr.« (2. Chronik 34,27)

Es ist gefährlich, in Unkenntnis über die Vergangenheit zu sein. »Und auch jene ganze Generation wurde zu ihren Vätern versammelt. Und eine andere Generation kam nach ihnen auf, die den Herrn nicht kannte und auch nicht das Werk, das er für Israel getan hatte« (Richter 2,10).

Was die Kirche der 90er Jahre dringend braucht, ist eine Besinnung auf ihre Geschichte und Bestimmung. Hast du dich schon einmal gefragt, warum manche Städte wiederholt Erweckung erlebt haben, während in anderen nichts geschehen ist? Erweckung ist definiert das Wiederaufleben dessen, was gestorben ist. Es bedeutet die Wiederbelebung dessen, was einmal lebendig war.

Die Kirche hat in vielen Städten Zeiten scheinbaren Todes erlebt. Was sie vor dem völligen Aussterben bewahrte, war Gott, der sein Bündnis einhielt. In der Vergangenheit haben sich ganze Generationen von Gott abgewandt, aber Gott war seinen Verheißungen an ihre Vorfahren treu. Auf souveräne Weise erneuerte er sein Königreich wieder, als er willige Herzen fand.

Gott hielt seinen Bund mit David während des Zerfalls von Israel, obgleich dessen törichter Enkel den Thron nicht verdiente. »Aber der eine Stamm soll ihm weiterhin gehören um meines Knechtes David willen und um Jerusalems willen, der Stadt, die ich erwählt habe, aus allen Stämmen Israels« (1. Könige 11,32). - Gott hatte einen Bund mit der Stadt Jerusalem geschlossen und ebenso mit David.

Im Hinblick darauf müssen wir in Demut erkennen, daß die Jesus Bewegung der 70er Jahre eine Ausgießung von Gottes Barmherzigkeit auf eine Generation war, die es am allerwenigsten verdiente. Wir sind den Heiligen der Vergangenheit zu Dank verpflichtet, die Amerika in Gerechtigkeit gründeten, als sie auf dem Deck eines kleinen Schiffes namens *Mayflower* einen Bund mit Gott schlossen.

> »Aber der Herr war ihnen gnädig, erbarmte sich über sie und wandte sich ihnen zu wegen seines Bundes mit Abraham, Isaak und Jakob. Er wollte sie nicht vernichten und verstieß sie nicht von seinem Angesicht bis dahin.« (2. Könige 13,23)

Als ich 1971 England besuchte, hinterließ das finstere Heidentum, das ich dort sah, einen tiefen Eindruck bei mir. In Städten wie London und Bristol waren Bauwerke zu finden, die an frühere Erweckungen erinnerten, aber von den einst großen Feuern des Heiligen Geistes war nur noch Asche übriggeblieben. In den darauffolgenden Jahren habe ich ein anhaltendes Wiederaufbrennen der Feuerflamme erlebt. Großbritannien wird in einer Art und Weise wieder von Gott heimgesucht, wie ich es mir für Amerika sehnlichst wünsche.

Es ist kein Wunder, daß Gott mit diesem Land Erbarmen hat. Die Punker, die ziellos dahinleben, und die jungen Städter, die einer Karriere nachjagen, sind die Urenkel von Livingstone, Wesley, Whitefield, Booth, Wycliffe, Fox, Studd und Taylor.

Das Leben dieser großen Glaubenshelden war ein Akt der Fürbitte. Ihre Gebete steigen immer noch zum Thron Gottes auf. Wenn Gott Großbritannien in die Waagschale legt, wird die Schale auch schwer mit Märtyrern sein, die ihr Leben auf dem Missionsfeld in Afrika und China hingaben.

Einer der bewegendsten Momente meines Lebens war, als ich den Raum betrat, wo David Livingstone geboren wurde. Er verbrachte seine frühen Jahre in Armut in den Textilstädten Schottlands. - Damals fand in dem Land die »industrielle Revolution« statt. - Als ich die Andenken aus seinem Leben betrachtete und über seinen Kampf um Afrika las, dachte ich, Gott wird wegen dieses Mannes Schottland immer segnen. Selbst während ich diese Worte schreibe, überkommen mich die Tränen, weil meine Vorfahren aus diesem Land stammen. Welche ein Erbe stützt mein Leben als Missionar!

> »Die Gnade des Herrn aber währt von Ewigkeit zu Ewigkeit über denen, die ihn fürchten, seine Gerechtigkeit bis zu den Kindeskindern, für die, die seinen Bund halten, die seiner Vorschriften gedenken, um sie zu tun.« (Psalm 103,17.18)

Es gibt vier Wissensgebiete, mit denen ein Arbeiter im Reich Gottes heute vertraut sein sollte.

1) Informiere dich über die Geschichte der Kirche in deinem Land. Es ist vielleicht nicht möglich, die gesamte Geschichte der amerikanischen Kirche bis in alle Einzelheiten zu studieren, aber wir sollten uns einen allgemeinen Überblick verschaffen. Wir sollten die Wertvorstellungen der Pilgerväter, die Auswirkungen großer Aufbrüche kennen und mit dem Leben von Persönlichkeiten wie Jonathan Edwards und Charles Finney vertraut sein. Wenn du ein geistlicher Leiter bist, trägst du die Verantwortung, die Erinnerung an unsere gesamten geistlichen Erfahrungen zu bewahren und sie als Erbe an diese Generation weiterzugeben.

2) *Informiere dich über die Geschichte der Kirche in deiner Stadt*. Es ist möglich, daß du über die Arbeit deiner eigenen Konfession oder Bewegung gut Bescheid weißt, während du

über den Beitrag anderer Gruppen, die vor Gott ebenso wichtig sind, beinahe in Unkenntnis bist.

3) *Informiere dich über die Geschichte des geistlichen Dienstes an deiner subkulturellen oder ethnischen Zielgruppe.* Wenn du mit Kindern arbeitest, solltest du über die Geschichte der Sonntagsschule in Amerika Bescheid wissen. Oder wenn dir die amerikanischen Indianer am Herzen liegen, informiere dich über ihre geistlichen Vorfahren wie den großen Beter David Brainerd, der, an unheilbarer Tuberkulose erkrankt, 1745 erfolgreich um eine Erweckung betete.

4) *Informiere dich über den Dienst, in dem du wirkst.* Wenn du Missionsarbeit machst, beschreitest du einen Weg, auf dem uns Pioniere wie William Carey, Hudson Taylor und Adoniram Judson vorangegangen sind. Wenn dein Dienst in theologischer Ausbildung liegt, baust du auf der Arbeit von Wycliff, Hus und Calvin auf.

   Der Vater der Stadtmission ist zweifellos William Booth, der von 1829-1912 lebte. Er und seine Heilsarmee waren bahnbrechend in ihrem Dienst an fast jeder städtischen Bevölkerungsgruppe. Sie widmeten sich voller Erbarmen den Armen und verwandelten das Leben der Städte ihrer Zeit. Mutig kämpften sie gegen gottlose Institutionen an, bis diese keinen Einfluß mehr hatten.

   In London war das Mündigkeitsalter auf dreizehn Jahre herabgesetzt worden, und achtzigtausend Prostituierte, von denen viele erst zehn Jahre alt waren, wurden auf den Straßen verkauft oder in Bordellen feilgeboten. Booth und seine Armee begegneten diesem Mißstand mit heiligem Zorn und kämpften dagegen an, bis dieser für ungesetzlich erklärt wurde. Sie erhoben ein Banner von Blut und Feuer, was auch heute noch die größte Herausforderung im Leben jedes Stadtmissionars ist.

5) *Informiere dich über deine Bewegung.* Verachte deine Wurzeln nicht. Jeder Israelit gehörte zu einem Stamm. Es gab keine unabhängigen Juden. Sektiererische Einstellungen sind

falsch, aber Konfessionen sind biblisch. Gott setzt uns in seinem Königreich in Familien. Wie kannst du dein Erbe antreten, wenn du es nicht kennst? Wie kannst du dich darüber freuen?

»Die Meßschnüre sind mir gefallen auf liebliches Land; ja, mein Erbteil gefällt mir« (Psalm 16,6).

So wie die alttestamentlichen Stämme hat auch deine Bewegung eine Vergangenheit, Gegenwart und Zukunft. Deine Gruppe hat eine Gabe, eine Verheißung und ein Territorium bekommen, die es einzunehmen gilt. Es ist wichtig für mich, zu verstehen, zu welcher Aufgabe Gott Jugend mit einer Mission berufen hat, wenn ich die Arbeit, die Gott mir persönlich aufgetragen hat, erfolgreich ausführen will.

Ich muß über die ursprüngliche Vision unseres Gründers Loren Cunningham Bescheid wissen. Es ist ebenso wichtig für mich, meinen Mitarbeitern die Verheißungen weiterzugeben, die Gott mir und meiner Frau gab, als wir diesen Arbeitszweig von Jugend mit einer Mission vor vielen Jahren gründeten.

»Richte dir Wegweiser auf, setze dir Wegzeichen, richte dein Herz auf die Straße, auf den Weg, den du gegangen bist!« (Jeremia 31,21).

Geschichtskenntnisse können alles in die richtige Perspektive rücken. An einem heißen Sommertag des Jahres 1976 schlenderte ich durch das römische Kolosseum. Zwischen den alten Steinsäulen erblickte ich einen Eisverkäufer und lief auf ihn zu. Als ich an der Stelle ankam, wo ich ihn zuerst gesehen hatte, war er verschwunden. Ich suchte in den heißen Ruinen nach ihm und wurde dabei immer gereizter. Ich wollte ein Eis!

Plötzlich sah ich mich selbst mit Gottes Augen. »Denn tausend Jahre sind in deinen Augen wie der gestrige Tag, wenn er vergangen ist« (Psalm 90,4).

Hier stand ich, ein Gläubiger des zwanzigsten Jahrhunderts, und jammerte über Eis, genau an dem Ort, wo Tausende von Gläubigen des ersten Jahrhunderts ihr Blut für das Evangelium vergossen hatten, und vor Gott war dies erst gestern passiert. Ich war zutiefst beschämt.

Worüber beschwerst du dich? Vielleicht über etwas viel Ernsteres, als kein Eis zu bekommen, aber im Licht der Geschichte gesehen, ist es ebenso unbedeutend.

Die alttestamentlichen Propheten, wie Esra z.B., hatten einen Sinn für das Zeitlose, das Zeitliche und für die Zeit, in der sie lebten. Welch tiefe Emotionen brachte das Volk Gottes zum Ausdruck, als sie sahen, wie sich Gottes Verheißung für ihre Stadt erfüllte. Frage dich selbst, ob Gottes Plan für deine Stadt dir ebenso viel bedeutet.

> »Viele aber von den Priestern und den Leviten und den Familienoberhäuptern, den Alten, die das erste Haus gesehen hatten, weinten, während man vor ihren Augen den Grundstein zu diesem Haus legte, mit lauter Stimme. Viele aber erhoben ihre Stimme mit freudigem Jauchzen, so daß niemand vom Volk vor der Stimme des freudigen Jauchzens die Stimme des Weinens im Volk erkennen konnte, denn das Volk jauchzte mit gewaltigem Jauchzen, so daß die Stimme bis in die Ferne gehört wurde.« (Esra 3,12.13)

Schließlich noch eine Frage, die sich auf alle fünf Ueberlegungen beziehen kann: *Wo sind die Mauern meiner Stadt eingerissen?*

Deine Vorfahren haben möglicherweise Verheißungen für die Stadt erhalten, die aber nie eingetroffen sind, weil die Bedingungen für den vollständigen Sieg nicht erfüllt wurden.

Hat es in deiner Stadt jemals einen starken geistlichen Dienst gegeben, der bis zu einem gewissen Grad wuchs und dann wieder abnahm? Was verursachte dieses Scheitern? Gibt es eine Folge immer wiederkehrender Niederlagen im Leben der Gemeinde?

Ich kenne eine Stadt, in der eine starke Gemeinde entstand, die die Stadt beinahe für Gott einnahm. Aus dieser Gemeinde floß ein Lebensstrom in die anderen Gemeinden der Stadt. Diese lebendige Gemeinde wurde von allen geliebt und respektiert und war wie ein schattiger Baum, unter dem viele Schutz fanden.

Um die nächste Phase ihres Erbes anzutreten, mußte diese Gemeinde geläutert und geprüft werden. Der Pastor und seine Gemeinde wurden in die »Waagschale gelegt« und erfüllten leider nicht die Voraussetzungen für ein weiteres Wachstum. Der Pastor hatte Ehebruch begangen, und die Herde löste sich in zerstrittene Splittergruppen auf.

Viele Jahre lang gab es kein großes Werk Gottes in jener Stadt, und dann zog eines Tages ein junger Mann in die Stadt; er war der neue Pastor der kleinen Gemeinde, die einmal groß gewesen war. Es kam eine Zeit der Ernte. Die Jesus Bewegung drang gerade in die Jugendkultur vor. Die Gemeinde wuchs, bis sie Tausende von Mitgliedern zählte. Sie wurde erneut die führende Gemeinde der Stadt. Großer Segen ging von ihr aus. In den Schulen entstanden große christliche Jugendclubs. Eine Bibelschule wurde gegründet. Missionare wurden bis ans Ende der Erde ausgesandt. Die Gemeinden der Stadt hatten eine harmonische Beziehung, und die Christen wurden von den Nichtchristen bewundert.

Dann passierte es wieder. Dreißig Jahre nach dem ersten Scheitern, wiederholte sich genau dasselbe Muster. Der Pastor beging Ehebruch, und die Gemeinde ließ ihrer Bitterkeit und ihrem Streit freien Lauf. Das Evangelium wurde von den Zeitungen ins Lächerliche gezogen, und die meisten Gemeinden verloren Mitglieder, bis nur noch ein Rest übrigblieb.

Letztes Jahr kam ein junger Mann in die Stadt. Er übernahm als Pastor die Gemeinde, die einmal berühmt gewesen war. Der Gedanke an die wohlhabenden neuen Vororte erfüllt ihn mit großer Hoffnung. Die Stadt ist jetzt auf eine Bevölkerungszahl von einhunderttausend gewachsen. Die Zukunft sieht vielversprechend aus, denn die riesige Metropole südlich der Stadt wächst in ihre Richtung. Weiß er, daß die Mauern eingerissen sind?

O Gott, hilf diesem jungen Mann!

Kapitel 10

Propheten, Fürbitter und geistliche Väter

»Denn mit weiser Überlegung führst du deinen Krieg, und Rettung kommt durch viele Ratgeber.«
Sprüche 24,6

Wir haben uns mit der Vergangenheit beschäftigt, um das Eindringen des Feindes, den Verlauf des Kampfes und die Verheißungen Gottes für unsere Stadt besser zu verstehen. Jetzt wollen wir überlegen, wie wir die Weisheit empfangen können, die Gott in die Heiligen unserer Zeit hineingelegt hat. Hat Gott bereits eine Offenbarung über eine Strategie für unsere Stadt geschenkt? Gibt es bereits ein Team, dem ich mich anschließen sollte?

In jeder Stadt gibt es eine verborgene Ältestenschaft. Du wirst diese Gruppierung von Heiligen in keinem menschlichen Buch verzeichnet finden. Dieser Kreis reifer Gläubiger steht im Riß, bis der Sieg erreicht ist.

Wie es in Jesaja 62,5.7 heißt:

> »Auf deine Mauern, Jerusalem, habe ich Wächter bestellt. Den ganzen Tag und die ganze Nacht werden sie keinen Augenblick schweigen. Ihr, die ihr

> den Herrn erinnert, gönnt euch keine Ruhe und laßt ihm keine Ruhe, bis er Jerusalem wieder aufrichtet und bis er es zum Lobpreis macht auf Erden.«

Einige dieser Wächter wie etwa erfahrene Pastoren sind klar zu erkennen. Andere können verborgene Fürbitter oder Christen mit prophetischer Erkenntnis sein. Du bist einer wichtigen Sache auf der Spur, wenn du bei denen, die sich auf eine Offenbarung von Gott berufen, Gemeinsames entdeckst.

Gott bestätigt eine Strategie immer durch mehrere Zeugen. Dies ist im Umgang mit dämonischen Mächten besonders wichtig. Wenn die geistlichen Leiter einer Stadt einander in Freundschaft und gegenseitiger Achtung begegnen, dann kann die volle Kraft Gottes gegen Fürstentümer und Mächte freigesetzt werden.

Ein einzelner christlicher Dienst oder eine Gemeinde können innerhalb ihres Wirkungskreises erfolgreich sein, aber die bösen Mächte werden die weltliche Kultur ungehindert weiter beherrschen, bis das Prinzip der Übereinstimmung auf der Grundlage harmonischer Beziehungen angewandt wird.

Jesus sagte: »Und wenn ein Reich mit sich selbst entzweit ist, kann dieses Haus nicht bestehen« (Markus 3,24). Bedeutet dies, daß wir uns alle zu einer großen Organisation vereinigen müssen, um geistliche Kraft zu erhalten? Bedeutet dies, daß wir eine Art stadtweiter Ältestenschaft brauchen, Leute, die »im Tor« sitzen, wie die Ältesten alter hebräischer Städte?

Die Auseinandersetzung mit der Frage der Kirchenstruktur ist für die neunziger Jahre entscheidend, weil uns das veränderte Leben der Stadt in eine Krise gebracht hat, wie sie die Kirche noch nie erlebt hat. Die Krise ergibt sich daraus, daß Christen beginnen, von einer Gemeinde zur anderen zu pendeln. Dadruch wird das Leben der örtlichen Kirchengemeinde beeinträchtigt. Fast zweitausend Jahre lang war die Verantwortung eines Pastors durch seinen Pfarrbezirk festgelegt. Der örtliche Pfarrbezirk umfaßte die Umgebung um das Kirchengebäude.

In ländlichen Gegenden in Holland konnten die Menschen aufschauen und den Kirchturm der nahegelegenen reformierten Kirche sehen. Der Baustil von Kathedralen bestimmte die Silhouette der christlichen Städte über Hunderte von Jahren.

Die Menschen lebten buchstäblich unter dem Schatten der Kirchtürme, die durch ihr Glockengeläut zum Gottesdienst riefen.

Ein anglikanischer Pastor in England oder ein lutheranischer Pfarrer in Deutschland hatte ein Verantwortungsbewußtsein für die Menschen, die in der Umgebung des Kirchengebäudes lebten. Selbst in den Vereinigten Staaten mit ihrer Geschichte religiöser Nonkonformität und übergreifender konfessioneller Wirkungsbereiche konnte ein Pastor in Neuengland sich immer noch der Verbundenheit aller Baptisten und Presbyterianer in seinem Dorf sicher sein, auch wenn er sich bemühte, die Nichtchristen für Gott zu erreichen.

Die Pastoren und Priester der Vergangenheit wußten, daß sie eines Tages vor dem Richterstuhl Christi stehen und Rechenschaft für die Menschen des Dorfes, der Stadt oder des Pfarrbezirkes ablegen müssen. Hatte jeder eine Gelegenheit gehabt, das Evangelium zu hören? Erhielten die Kinder eine schulische Ausbildung? Gab es soziale Gerechtigkeit? Wurde den Kranken geholfen und wurden die Gläubigen in der christlichen Lehre unterwiesen?

In der heutigen Zeit sind diese leicht definierbaren Ziele weniger hilfreich. Die Stadt hat sich radikal verändert. Die Menschen führen jetzt ein völlig anderes Leben. Der heutige Pastor hat seinen geographisch begrenzten Gemeindebezirk verloren. Er ist sich nicht ganz sicher, wofür er verantwortlich ist.

Die Leute steigen am Sonntagmorgen in ihr Auto und fahren auf dem Weg zur Gemeinde ihrer Wahl an vielen anderen Gemeinden vorbei. Sie fahren sogar an Gemeinden vorbei, mit deren Lehre sie übereinstimmen. Sie wählen eine Gemeinde nach einer erstaunlich großen Anzahl von Gesichtspunkten, die sich auf kulturelles Empfinden und individuelle Bedürfnisse gründen. Wenn die Gemeinde ein Programm für Teenager anbietet, wird sie für manche Familie anziehend sein, während andere Christen lebendigen Lobpreis oder tiefgehende Lehre suchen. Die Gemeindemitglieder eines Pastors wohnen in außerpfarrlichen Bezirken. Dies kann in einer Kultur, die sich an Veranstaltungen orientiert, eine sehr bedrohliche Situation darstellen.

Die Gemeinde ist zu einer Institution geworden, die sich an den modernen Pendler innerhalb des städtischen Verbrauchermarkts wendet. Wir wollen uns diesen Verbrauchermarkt näher ansehen.

In einer Stadt wie Los Angeles hat ein durchschnittliches Geschäftsunternehmen Zugang zu etwa zwei Millionen Verbrauchern. Mit anderen Worten: Ungefähr zwei Millionen Menschen wohnen bis zu zwanzig Autominuten von der Eingangstür des Geschäftsunternehmens entfernt. Ein Auto mit Klimaanlage ist so angenehm und bequem, daß man ohne Bedenken zehn Meilen durch die Stadt fährt, um in einem bestimmten Restaurant zu essen oder in einem bestimmten Geschäft mit günstigeren Preisen einzukaufen.

Was bedeutet dies für die Gemeinde? Die Erfahrung der Einzelhändler ist für die christliche Gemeinde lehrreich. Im Einzelhandelsbereich hat dies zur Entstehung von zwei Extremen geführt: einerseits zur Spezialisierung und andererseits zur Generalisierung.

Betrachten wir die Spezialisierung. Ich kenne ein Geschäft in Los Angeles, das nichts als Schnürsenkel für Tennisschuhe verkauft. Ja, richtig, nur die Schnürsenkel! Man kann diesen Trend sogar in kleineren Städten beobachten, wo bestimmte Geschäfte sich auf Sportschuhe spezialisieren, während andere nur Modeschuhe oder nur Kinderschuhe oder nur Stiefel verkaufen.

Das andere Extrem ist das moderne Einkaufszentrum. Hier kann man alles kaufen, was man sich nur vorstellen kann. Das Einkaufszentrum entwickelte sich aus dem Kaufhaus der vierziger Jahre und der Einkaufsstraße der sechziger Jahre. Es ist zu einer Stadt innerhalb der Stadt geworden. es ersetzt den frühren Marktplatz oder Stadtmarkt und entwickelte sich zu einem gesellschaftlich wichtigen Ort.

Die örtlichen Gemeinden haben sich unbewußt der modernen Gesellschaft angepaßt. Die Superkirche ist wie ein modernes Einkaufszentrum. Ihre fünftausend Mitglieder, ihre vielfältigen Abteilungen und ihr riesiges Betriebssystem erwecken den Eindruck, daß das ganze Königreich Gottes an einem Ort zusammengekommen ist. Diese »Städte Gottes« versuchen, allen möglichen Bedürfnissen zu begegnen und ziehen Menschen aus der nahen und weiteren Umgebung an.

Andererseits spezialisieren sich kleinere Gemeinden auf eine begrenzte Zahl christlicher Dienste, weil sie mit der Supergemeinde, der große Mittel zur Verfügung stehen, nicht wetteifern können.

Ist dies eine positive Entwicklung? Dies hängt davon ab, wie wir auf die Versuchungen und Möglichkeiten reagieren, die uns in dieser neuen Situation begegnen. Wir waren noch nie einer größeren Versuchung ausgesetzt, uns voneinander abzusondern. Auf einem freien Markt ungebundener Verbraucher muß sich ein Pastor nicht nur gegen andere Pastoren behaupten, auch die Vielzahl von Diensten beeinflussen seine Gemeindemitglieder. Dadurch werden auch neue Richtlinien für Loyalität und finanzielle Unterstützung geschaffen. Radioprediger wie James Dobson sprechen zu den Gemeindemitgliedern eines Pastors, während diese zur Arbeit fahren. Bibellehrer wie Bill Gothard ziehen Tausende aus der ganzen Stadt an. Evangelisten fordern die Christen auf, bei ihren evangelistischen Straßeneinsätzen mitzuarbeiten.

Wenn die Aufforderung »Zahle deinen Zehnten, wo du deine geistliche Nahrung empfängst« tatsächlich befolgt würde, bekäme die örtliche Gemeinde nicht 10 Prozent. Die Bibel sagt, wir sollen den ganzen Zehnten ins Vorratshaus bringen, aber es wird für viele Christen immer unklarer, worauf sich das Wort *Vorratshaus* eigentlich bezieht.

Nie zuvor in der Geschichte waren geistliche Leiter einer so starken Versuchung ausgesetzt, über ihre Gemeinde autoritär zu herrschen und sich von anderen Leitern abzukapseln. In der Zukunft könnte die Lehre anderer Gemeinden angegriffen werden, aber der eigentliche Streitpunkt in den meisten Fällen wird Macht und Geld sein.

Die Lehre der Kirche wird aufgrund genau dieser oben erwähnten Faktoren immer einheitlicher (und orthodoxer). Wir sind aufgrund guter Kommunikationsmittel so eng miteinander verbunden, daß es immer schwieriger wird, eine Irrlehre zu vertreten, ohne von anderen nicht zur Rede gestellt zu werden. Unsere Leute werden es uns sehr bald wissen lassen; sie haben durch christliche Bücher, Zeitschriften, Radio- und Fernsehsendungen unmittelbaren Zugang zu Hunderten andrer Prediger, wenn wir ein fremdes Evangelium predigen.

Was ist die Antwort? Offen gesagt: »Wenn du sie nicht schlagen kannst, dann schließ dich ihnen an.« Dies könnte seit der Zeit der Urgemeinde, die Zeit größter Einheit werden. Damals sprach man z.B. einfach von der »Gemeinde in Ephesus« (Offenbarung 2,1) oder »der Gemeinde Gottes in Korinth« (1. Korinther 1,2).

Welch ein Segen muß es gewesen sein, die kameradschaftliche Freundschaft in der Jerusalemer Urgemeinde gespürt zu haben. »Die Menge derer aber, die gläubig geworden war, war ein Herz und eine Seele« (Apostelgeschichte 4,32). Werden wir jemals wieder eine solche Einheit erleben? Im Geiste, ja. In der Struktur, nein.

Die Urgemeinde in Jerusalem kann nicht mit der Gemeinde in einer modernen Stadt von Weltklasseformat verglichen werden, weil die Größenordnung hier völlig anders ist. Der beste biblische Vergleich ist mit Israel als einer Nation. Viele Superstädte der heutigen Zeit sind viel größer als die gesamte Bevölkerung des alten Israels. Es stellt sich also die Frage, wie Gott Israel regiert hat?

Israel war in Stämme aufgeteilt. Gott Selbst behielt sich das Recht über die Stämme zu regieren. Der Prophet Samuel warnte davor, Israel in eine Monarchie zu verwandeln. Die Nation machte auch ihre negativen Erfahrungen: Sie wurde geteilt und in Gefangenschaft geführt.

Gottes höchste Regierungsform für Israel wies folgende drei Faktoren auf:

1) *Gesetze und Bündnisse:* Die Verheißung an Abraham; die zehn Gebote, und so fort.
2) *Gegenwart seines Geistes:* Seine Beziehung mit jedem einzelnen einschloß; die Wolke in der Wüste; seine Gegenwart in der Stiftshütte, und so weiter.
3) *Rolle der Richter:* Propheten wie Samuel und Leiter wie Gideon, die einen Auftrag zu erfüllen hatten und von Gott selbst berufen wurden.

In einem bestimmten Stammesgebiet, wie auch in einer Stadt oder einem Dorf, wenn es mindestens 120 Einwohner hatte, gab es eine Aeltestenschaft. Das Land war im Besitz von Großfamilien. Eine Leiterschaft wurde im militärischen, richterlichen und städtischen Bereich eingesetzt. Auf nationaler Ebene hatte Israel jedoch nur einen wahren König - Gott selbst.

Das ist auch Gottes Plan für die Gemeinde.

> »Denn ein Kind ist uns geboren, ein Sohn uns gegeben, und die Herrschaft ruht auf seiner Schulter; und man nennt seinen Namen: Wunderbarer Ratgeber, starker Gott, Vater der Ewigkeit, Fürst des Friedens. Groß ist die Herrschaft, und der Friede wird kein Ende haben.« (Jesaja 9,6.7)

Das Wort des Herrn an die Gemeinde der 90er Jahre lautet: *Die Herrschaft soll auf Jesu Schultern ruhen.*

Wir müssen um jeden Preis eine Struktur vermeiden, die vom Feind gekennzeichnet ist. Satan möchte uns gerne in alle vier Himmelsrichtungen zerstreuen oder uns in eine falsche Einheit bringen, die die Freiheit der Gemeinde in all ihrer Vielfältigkeit einschränkt.

In Gottes Reich herrscht Freiheit; in Ihm ist alles erlaubt, was nicht ausdrücklich untersagt ist. Satans Reich ist eine gesteuerte Hierarchie, in der alles verboten ist, was nicht ausdrücklich erlaubt wird. Der allgegenwärtige Gott kann ohne Bedenken dezentralisieren, ohne die Herrschaft zu verlieren; Satan befürchtet, die Herrschaft zu verlieren, zieht deshalb alles in den Bann seiner Macht und setzt sich selbst an die Spitze.

Gott einigt eine Stadt oft durch eine dynamische Vision wie eine Evangelisation mit Billy Graham, aber ich habe noch nie erlebt, daß sich die Leiterschaft einer dieser Organisationen zu einer dauerhaften Ältestenschaft formierte, auf die Gott seinen Segen legte.

Im Verlauf der Jahre habe ich unter vielen weisen Leitern, die eine Stadt zur Einheit aufriefen, eine Lehrzeit durchlaufen. 1980 war ich im Vorstand einer Organisation, die siebenunddreißigtausend Menschen in ein Stadion brachte, um christliche Einheit zu feiern und um Geld für Organisationen zu sammeln, die unter Flüchtlingen aus Kambodscha arbeiteten. 1981 war ich im Vorstand einer anderen Organisation, deren Veranstaltung mit Rose Bowl fünfzigtausend Christen anzog. 1982 war ich an einer Evangelisation, die von verschiedenen Gruppen organisiert wurde, und an einem Jesus Fest beteiligt. 1983 begannen wir mit den Vorbereitungen für den evangelistischen Einsatz während der Olympischen Spiele.

Jedes Jahr scheint Gott neue Leiter mit einer neuen Vision zu salben. Jedes Jahr wird der Kreis liebevoller Freundschaften größer, aber wir müssen eine gemeinsame Prüfung der Demut bestehen, indem wir die neue Leiterschaft, die Gott selbst einsetzt, anerkennen und ihr folgen. Es ist so, als ob Gott einen

Strich auf der Erde zieht und sagt: »Wer ist auf der Seite des Herrn? Kommt herüber zu mir!«

Die Hand des Herrn kam einmal auf einen Mann namens Gideon, und Gott gebrauchte ihn, um einen großen Sieg zu gewinnen. Nach seiner Rückkehr aus der Schlacht drängten sich die Leute um ihn und sagten:

> »Herrsche über uns, sowohl du als auch dein Sohn und deines Sohnes Sohn! Denn du hast uns aus der Hand Midians gerettet. Gideon aber sagte zu ihnen: Nicht ich will über euch herrschen, auch mein Sohn soll nicht über euch herrschen. Der Herr soll über euch herrschen.« (Richter 8,22.23)

Diese Schriftstelle gab mir Gott 1984. Wir hatten während des olympischen Evangelisationseinsatzes einen solchen Erfolg erlebt, daß von anderen Leitern Druck auf mich ausgeübt wurde, mir eine neue Vision von Gott schenken zu lassen. Der Herr gebrauchte die Geschichte von Gideon, um mich zu warnen. Gott sagte in der Tat, ich solle zu meiner eigenen Organisation zurückkehren und mich um meine normale Verantwortung kümmern. Die Tatsache, daß er mich einmal benutzt hatte, einen Sieg zu erringen, war eine Offenbarung seiner Souveränität und Gnade und kein Beweis für irgendeine besondere Fähigkeit meinerseits.

Wir müssen Glauben haben, daß Gott fähig ist, neue Leiter mit einer neuen Vision zu salben und einzusetzen. Wir müssen Demut zeigen, indem wir zeitweilige Verantwortungen abgeben und die neue Leiterschaft anerkennen, die Gott beruft.

Wenn wir keine feste Struktur für die ganze Stadt haben sollen, was sollen wir dann haben? Eine eingehende Beschäftigung mit dem Begriff »Ältesten«, wie er im Neuen Testament beispielhaft erklärt wird, kann uns zu einem besseren Verständnis verhelfen.

Die mutige Verkündigung des Wort Gottes hatte bewirkt, daß es auf der Insel Kreta viele Neubekehrte gab, und Paulus übertrug dem jungen Titus die Verantwortung, sie in Gemeinden einzugliedern. »Deswegen ließ ich dich in Kreta zurück, damit du, was noch mangelte, in Ordnung bringen und in jeder Stadt Älteste anstellen solltest, wie ich dir geboten hatte« (Titus 1,5).

Man könnte hier viel über die Notwendigkeit von Leitern und über die Funktion von Ältesten in einer Ortsgemeinde sagen, aber ich möchte mich hier nur auf eine Bedeutung von Paulus' Strategie konzentrieren. Der Apostel Paulus interessierte sich mehr für geistliche Autorität als für geordnete Organisationsstrukturen. Er wußte, daß das Reich Gottes in Wahrheit gebaut wird, wenn ein Kreis von Gläubigen durch den Bund der Liebe zusammengeschlossen ist. Er wußte auch, daß die neuen Gemeinden satanischen Angriffen ausgesetzt sein würden.

Das Neue Testament benützt zwei verschiedene griechische Wörter, um »Älteste« zu umschreiben: *presbuteros* und *episkopos*. Diese Uebersetzung weist auf einen Kreis weiser, erfahrener Christen hin, die die Herde Gottes bewachen und beschützen. Beachte besonders die Vorstellung, die das Wort vermittelt. Die Grundbedeutung heißt »wachen über«, »bedecken« oder »schützen«.

Die meisten Leser dieses Buches werden in einem Raum mit einem Dach über dem Kopf sitzen. Warum ist dieses Dach da? Es stützt nicht die Mauern; es hilft den Leuten nicht, im Haus zu bleiben; es ist in erster Linie gebaut worden, um etwas abzuhalten. Das Dach schützt uns vor Wind und Regen.

Als Paulus Anweisungen gab, daß die Gläubigen durch Älteste geschützt werden sollten, versuchte er sie vor Anklage und Betrug zu bewahren, welche Satans Hauptangriffsmittel gegen Menschen sind. Eine der Hauptverantwortungen eines Ältesten ist, eine herzliche Beziehung mit anderen Ältesten zu pflegen, so daß keine Lücke da ist, durch die der Feind Zugang hat.

Gott benützt dieses Prinzip auch heute noch. In diesem Augenblick ist Gott in deiner Stadt am Wirken und erweitert den Kreis verbindender Liebe. Gott baut sein Reich durch Gaben der Freundschaft. Der Leib Christi in einer amerikanischen Stadt ist zu groß und zu verzweigt, als daß ihn irgendeine Person oder Gruppe leiten könnte. Gott knüpft jedoch Beziehungen in einem unsichtbaren Netz christlicher Dienste, das die Stadt bedeckt. Vielleicht leben viele Christen in der Stadt, aber die wahre Größe der Gemeinde Gottes, die sich potentiell fortpflanzen kann, entspricht der Anzahl von Gläubigen, die in harmonischer Beziehung miteinander leben.

Bedeutet dies, daß wir jeden einzelnen Gläubigen kennen müssen, um über satanische Fürstentümer die Autorität Gottes ausüben zu können? Natürlich nicht, aber es bedeutet, daß ich die christlichen Dienste und Bewegungen innerhalb der Stadt kennen und schätzen sollte. Ich muß ein treues Mitglied meiner lokalen Gemeinde sein, aber ich sollte mich auch mit Menschen aus anderen Teilen des Reich Gottes befreunden und ihnen dienen.

Die Familie Gottes ist äußerst vielfältig, und doch ist vielen aufrichtigen Gläubigen nicht bewußt, wie wichtig es ist, viele Dienste in einer Stadt zu haben. Ich sprach einmal mit einem christlichen Leiter, der einen Dienst unter Jugendlichen tat. Im Verlauf des Gesprächs sagte er: »Wenn die lokale Gemeinde richtig arbeitete, bräuchten wir keine speziellen Dienste wie diesen.«

Ich wußte nicht, ob ich lachen oder weinen sollte. Es ist unglaublich, wie stark wir die lokale Gemeinde unter Druck setzen, das ganze Reich Gottes an einem Ort zu bauen. Kein Wunder, daß Pastoren so gestreßt sind. Sie fühlen sich verpflichtet, die Erwartungen jedes einzelnen zu erfüllen. Das führt zu Enttäuschung und Entmutigung.

Es gibt kein absolutes Modell, wie eine lokale Gemeinde aussehen sollte. Ich verbrachte einmal einen Nachmittag mit mehr als hundert geistlichen Leitern aus verschiedenen Denominationen, und wir versuchten, eine allgemeingültige Definition einer biblischen Ortsgemeinde zu finden. Dies scheint auf den ersten Blick vielleicht leicht zu sein, aber wenn man alle menschlichen Kulturen und Lebenssituationen auf der Erde berücksichtigt und die vielfältigen Modelle in der Bibel eingehender untersucht, kann dies zu einer frustrierenden Aufgabe werden. Nach stundenlanger Diskussion hatten wir viele gute Beispiele erarbeitet, aber keine absolute Definition außer »Menschen, die unter der Herrschaft Jesu zusammen vorangehen.«

Sich eine geistige Vorstellung der idealen Ortsgemeinde zu machen und diese allein verwirklichen zu wollen, bedeutet kulturellen Götzendienst zu betreiben. Wir sind nicht berufen, mustergültige Dienste anzubieten, sondern das Reich Gottes in unserer Stadt zu bauen.

Der große Segen des Reich Gottes ist nicht Gleichheit und Einförmigkeit, sondern Kreativität und Vielseitigkeit. Eine Lokalgemeinde wird niemals die Arbeit der Wycliffe Bibelübersetzer tun und Wycliffe niemals die von Campus für Christus. Gott sei Dank!

Wir brauchen nicht miteinander wetteifern. Wir müssen unsere Schwächen ehrlich sehen, mit unseren Stärken einen Beitrag leisten und uns über die große Vielfältigkeit der Dienste freuen, die Gott unserer Generation geschenkt hat.

Ich liebe das Volk Gottes. Ich liebe die Gemeinden und Organisationen, mit denen ich das Vorrecht habe zu arbeiten. Ihre Einzigartigkeit macht sie wertvoll. Ihre grundlegenden Unterschiede lassen die Stadt das vollständige Bild von Jesu Schönheit erkennen. Die Gaben anderer demütigen mich. Ich brauche dringend meine Brüder und Schwestern in den »anderen Stämmen Israels«. Ich wage es nicht, mich von einer Vision meiner kleinen Ecke im Weinberg völlig vereinnahmen zu lassen. Ich muß ein Herz für Gottes Königreich haben, nicht für das meine.

> Der Prophet Haggai wies die Menschen seiner Zeit zurecht, weil sie sich in ihr kleines Gebiet zurückgezogen und ihren gemeinsamen Auftrag vergessen hatten.
> »Ihr habt nach vielem ausgeschaut, und siehe, es wurde wenig. Und brachtet ihr es heim, so blies ich hinein. Weshalb das? spricht der Herr der Heerscharen. Wegen meines Hauses, das verödet daliegt, während ihr lauft, jeder für sein eigenes Haus. Deshalb hat um euretweillen der Himmel den Tau zurückgehalten, und die Erde hat ihren Ertrag zurückgehalten.« (Haggai 1,9-10)

Was ist nun die praktische Anwendung all dessen? Was können wir persönlich tun? Wir haben erkannt, daß unsere Beziehungen zueinander die unsichtbaren Stadtmauern darstellen und daß mangelnde oder abgebrochene Beziehungen die Wirksamkeit unseres Gebets hindern können. Welche positiven Schritte können wir tun, um den Leib Christi klar zu erkennen und die Mauer aufzubauen?

Die folgende Fragen werden dir dabei helfen, die Dienste zu entdecken, die Gott in deiner Stadt entstehen ließ. Wir müssen sie lieben, ihnen dienen und in Demut ihren Dienst in Anspruch nehmen.

1) Wieviele Gemeinden gibt es insgesamt in deiner Stadt?
2) Ist in manchen Stadtteilen eine große Anzahl von Gemeinden zu finden, während sie in anderen fehlen?
3) Welche Gemeinden sind evangelikal?
4) Welche Gemeinden sind aktiv und am Wachsen?
5) Sind in jeder ethnischen Gruppe dynamische Gemeinden vorhanden?
6) Versuche, wenn du die Liste der Gemeinden durchgehst eine besondere Gabe zu erkennen, welche die einzelne Gemeinde auszeichnet. Was ist außergewöhnlich an ihrem Dienst?

Ich sprach vor kurzem mit einem Pastor, der von einigen seiner Gemeindemitglieder gebeten worden war, einen Dienst für Singles zu beginnen. Zu jenem Zeitpunkt fühlte er jedoch die Notwendigkeit, einen anderen Schwerpunkt zu setzen, und empfahl ihnen deshalb, sich der Pfingstgemeinde anzuschließen, die ein paar Straßen weiter war und diesen Dienst anbot. Er sah dies nicht als ein Eingeständnis seines Versagens, die perfekte Gemeinde zu bauen. Er sah seinen Amtsbruder als ein Mitglied des Leiterschaftteams, das Gott zusammengestellt hatte, um die Stadt einzunehmen.

7) Beschaffe dir eine Liste der christlichen Organisationen in deiner Stadt. Verstehst du wirklich, zu welcher Aufgabe Gott jede von ihnen berufen hat?
8) Finde heraus, wer die verantwortlichen Leiter der verschiedenen Dienste und Gemeinden sind. Was sagen sie über den Zustand der Gemeinde? Haben sie eine Vision für die Zukunft?
9) Welche Leiter stehen im Vordergrund? Welche Botschaft haben sie?

Um all diese Informationen zu erhalten, ist es am besten, mit Organisationen Kontakt aufzunehmen, die bereits eine Vision für die Stadt haben, wie auch mit den Zentralen von Denominationen, Missionsgesellschaften, Gebetsbewegungen und theologischen Seminaren oder Bibelschulen, in deren Arbeit Stadtmission einen Schwerpunkt bildet.

Es ist auch wichtig zu erkennen, daß Gott immer noch Propheten in Städte schickt, die die Strukturen, die wir bauen, prüfen.

»So bauten die Ältesten der Juden, und sie kamen gut voran gemäß der Weissagung Haggais, des Propheten, und Sacharjas, des Sohnes Iddos« (Esra 6,14).

Es ist jetzt eine neue Zeit des Apostel- und Prophetendienstes angebrochen, der das Fundament für das bevorstehende Wirken Gottes legen wird. Jahrzehntelang lag die Betonung auf dem Dienst von Evangelisten, Lehrern und Pastoren, aber Gott gibt uns jetzt ein neues Verständnis für den »fünffältigen Dienst zur Ausrüstung der Heiligen« (siehe Epheser 4,11-13).

Den Dienst der Apostel im Neuen Testament begleitet vor allem das prophetische Amt. Als Paulus und Barnabas in Antiochien wirkten, dienten ihnen andere Brüder, die auch im Reisedienst standen:

> »In diesen Tagen aber kamen Propheten von Jerusalem nach Antiochien herab. Einer aber von ihnen, mit Namen Agabus, stand auf und zeigte durch den Geist eine große Hungersnot an, die über den ganzen Erdkreis kommen sollte; sie trat auch unter Klaudius ein.« (Apostelgeschichte 11,27.28)

Zusammenfassend solltest du diese vier Dinge tun:

1) Informiere dich über die Gemeinde Gottes, ihre Bewegungen und ihre christlichen Dienste.
2) Höre auf das Erschallen der Posaune! »Wer ein Ohr hat, höre, was der Geist den Gemeinden sagt!« (Offenbarung 2,7).
3) Empfange die von Gott gegegebenen Gaben der Freundschaft und pflege Gemeinschaft mit Gläubigen, die anderen Gruppen angehören.
4) Schließe dich mit denen zusammen, die die Gemeinde Gottes zur Einheit aufrufen!

Als ich dieses Kapitel schrieb, hatte ich das wunderbare Vorrecht, bei einem Missionsabend in Ventura (Kalifornien) zu sprechen. Die Veranstaltung wurde von mehreren örtlichen Gemeinden getragen und von Jugend mit einer Mission organisiert.

Das Auditiorium war voll besetzt mit Menschen aller

Altersgruppen. Es wurde ihnen eine eindrucksvolle Multimedienshow über die unvollendete Aufgabe der Weltevangelisation gezeigt, und dann wurden zwölf verschiedene christliche Dienste vorgestellt. Es war ein Abend zum Feiern. Wir erlebten Augenblicke, in denen Gott ernsthaft zu unseren Herzen redete, und Augenblicke der Freude, als die wunderbare Vielfalt des Reich Gottes vor unseren Augen sichtbar wurde.
Hier ist eine Auswahl einiger dieser Dienste: eine Theatergruppe, ein Team, das in Uganda Brunnen bohrt, die Wycliffe Bibelübersetzer, ein Mutter-Kind Haus, ein Musikdienst für Kinder, ein Kurzzeit-Einsatz in Mexiko, ein Team christlicher Surfer mit Einsätzen im Ausland und eine Missionsarbeit für Osteuropa.
Wir gingen in den Gemeinschaftsraum und besichtigten eine Ausstellung verschiedener missionarischer Dienste. Wir staunten und freuten uns über das Vorrecht, einer solch interessanten Familie anzugehören - der Familie Gottes.

> »Siehe, wie gut und wie lieblich ist es, wenn Brüder einträchtig beeinander wohnen.« (Psalm 133,1)

Kapitel 11

Informiere dich über deine Stadt

»Das Herz des Verständigen sucht Erkenntnis.«
Sprüche 15,14

Ich bin manchmal erstaunt, wie wenig wir über die Welt wissen, in der wir leben. Kennst du deine Stadt? Du solltest die Fakten über deine Stadt in einer Hand halten und die Bibel in der anderen. Welcher Prozentsatz der Einwohner geht tatsächlich zur Kirche? Wieviele Menschen leben in Armut? Warum leben sie in Armut? Wo wohnen sie? Gibt es Subkulturen, ethnische Gruppen, wirtschaftliche Veränderungen, viele ältere Bürger? Wie sieht es in der Stadt wirklich aus? Du mußt Bescheid wissen, wenn du helfen willst, die Stadt von der Herrschaft böser geistlicher Mächte zu befreien.

Geistliche Kampfführung findet nicht in einem Vakuum statt. Sie ist die gewaltige Kraft, die dem Seelengewinner und Evangelisten Schutz gibt, und Evangelisation muß immer mit Sorgfalt und unter Berücksichtigung aller erhältlicher Information durchgeführt werden.

Nimm zuerst einen Stadtplan zur Hand. Studiere ihn sorgfältig. Versuche herauszufinden, wo ältere Menschen, Obdachlose, Studenten, Kinder und andere Bevölkerungsgruppen verstärkt zu finden sind. Welche Subkulturen sind für das Evangelium empfänglicher als andere? Warum? Welche Nöte haben die Menschen dieser Stadt? Versuche Beweismaterial zu sammeln, um deine Ergebnisse zu veranschaulichen.

Es kann unter den verschiedenen Stadtteilen große Unterschiede hinsichtlich der Kultur, der Kriminalität und des Wohlstands geben. Versuche die Bedürfnisse jeder Bevölkerungsgruppe herauszufinden. Was du erforschst, hängt von deinen Zielsetzungen ab. Ein Pastor, der eine Gemeinde gründet, oder ein Evangelist, der einen Einsatz plant, wird sehr spezifische Informationen und statistische Zahlen brauchen. Jeder von uns ist jedoch zum Dienst der Fürbitte berufen und muß etwas über die größeren Zusammenhänge wissen.

Wenn wir wie Jesus sein wollen, müssen wir einen Weitblick haben. Die Bibel sagt: »Diese Gesinnung sei in euch, die auch in Christus Jesus war« (Philipper 2,5). Und dies bedeutet, nicht nur Jesu Einstellung, sondern auch seine Perspektive zu haben.

Gott gebot Mose, sich zunächst über die Sachlage zu informieren, denn dieser erste Schritt würde den Juden den Weg zu ihrem Erbe weisen. »Sende dir Männer aus, daß sie das Land Kanaan auskundschaften, das ich den Söhnen Israels gebe! Je einen Mann für den Stamm seiner Väter sollt ihr aussenden, jeder ein Fürst unter ihnen« (4. Mose 13,2).

Es ist wichtig, das Nachforschen als eine Aufgabe für geistlich reife und bewährte Leiterschaft zu sehen. Mose beauftragte die Kundschafter, insbesondere die Stärke des Feindes einzuschätzen; eine Aufgabe, für die sich Feiglinge nicht eignen. »Und seht das Land an, wie es beschaffen ist; und das Volk, das darin wohnt, ob es stark oder schwach, ob es gering oder zahlreich ist; und wie das Land ist, in dem es wohnt, ob es gut oder schlecht ist; und wie die Städte sind, in denen es wohnt, ob es in Lagern oder in Festungen wohnt« (4. Mose 13,18.19).

Die Kundschafter kamen nach vierzig Tagen mit völlig verschiedenen Beurteilungen zurück, obgleich sie alle dieselben Tatsachen gesehen hatten. Die Mehrheit von ihnen verlor Gottes Größe aus den Augen und sagte: »Das Land, das wir durchzogen haben, um es zu erkunden, ist ein Land, das seine Bewohner frißt; und alles Volk, das wir darin gesehen haben, sind Leute von hohem Wuchs« (4. Mose 13,32).

In den riesigen Städten unserer Zeit brauchen wir Menschen des Glaubens, wie Josua und Kaleb, die trotz der Anwesenheit mächtiger Feinde Hoffnung für die Zukunft sehen.

> »Und Kaleb beschwichtigte das Volk, das gegenüber Mose murrte, und sagte: Laßt uns nur hinaufziehen und es in Besitz nehmen, denn wir werden es gewiß bezwingen!..., ...und sagten zu der ganzen Gemeinde der Söhne Israel: Das Land, das wir durchzogen haben, um es auszukundschaften, das Land ist sehr, sehr gut. Wenn der Herr Gefallen an uns hat, so wird er uns in dieses Land bringen und es uns geben, ein Land, das von Milch und Honig überfließt. Nur empört euch nicht gegen den Herrn! Und fürchtet doch nicht das Volk des Landes, denn unser Brot werden sie sein! Ihr Schutz ist von ihnen gewichen, und der Herr ist mit uns. Fürchtet sie nicht!« (4. Mose 13,30; 14,7-9)

Wir brauchen einen reifen Glauben, wenn wir es mit der komplizierten Bürokratie staatlicher und städtischer Behörden zu tun haben. Wenn wir einen neuen Dienst beginnen, sollten wir zum Beispiel niemals einen unreifen Gläubigen damit beauftragen, sich bei der Stadt über die Bestimmungen oder Genehmigungen zu informieren.

Ich arbeitete einmal bei der Gründung einer Vorschule mit. Wir hatten mit neun verschiedenen Regierungsbehörden zu tun. Mehrmals wurde mir von Mitarbeitern unseres Teams gesagt, daß es unmöglich sei, unser Vorhaben zu verwirklichen, weil irgendein Gesetz oder irgendeine Bestimmung ihm im Weg stehe. Ich wandte mich dann jedesmal im Gebet zu Gott, und Er sagte immer wieder: »Mach weiter; vertrau' auf mich - es gibt einen Weg.«

Der Papierkrieg ist oft die beste Möglichkeit für den Feind, die Gründung oder Erweiterung einer örtlichen Gemeinde zu verhindern. Die Verwaltungsbehörden sind jedoch nicht unser Feind. Sie haben eine berechtigte Dienstleistungsfunktion, aber oft können sie legal umgangen werden. Beispielsweise kann eine Gemeinde für ein Grundstück, das von der Stadt ursprünglich für einen anderen Zweck vorgesehen war, eine bedingte Nutzungserlaubnis zum Bau eines Gebäudes bekommen.

Die Auseinandersetzung mit örtlichen Behörden ist kostspielig und kompliziert und deshalb auch einer der abschrekkendsten Aspekte der Stadtmission. Halten wir uns vor Augen, daß die Tatsachen, die uns berichtet werden, nicht immer mit der Wahrheit übereinstimmen, die für Gott gültig ist. Gott stehen viel mehr schöpferische Möglichkeiten zur Verfügung, um Sein Wort zu erfüllen, als wir uns jemals vorstellen können.

Gott kann uns mit dem nötigen Geld versorgen, um ein Gebäude so auszustatten, daß es den gesetzliche Vorschriften genügt. Gott kann einen Weg durch das Labyrinth der verschiedenen, sich überschneidenden Zuständigkeitsbereiche bahnen. Verliere nie den Mut, denn nichts ist für Gott zu schwer! Der Schlüssel liegt darin, von jedem Wort, das aus Seinem Mund hervorgeht, zu leben, selbst wenn menschliche Stimmen uns sagen, daß unser Vorhaben nicht realisierbar sei.

Mir gefällt die Einstellung, die Josua und Kaleb hatten. Sie hatten das Land Kanaan liebgewonnen und hatten keine Angst. Ich muß mir oft anhören, wie christliche Mitarbeiter gestehen, daß sie das Großstadtleben eigentlich hassen und daß es für sie ein großes Opfer wäre, wenn sie in unserer Stadt blieben.

Gott zeigte mir die Ursache dieser Einstellung. Satan greift Christen, die in der Stadt leben, vor allem durch Angst an. Es fällt uns schwer, die Stadt liebzugewinnen, weil wir fürchten, daß wir oder unsere Familie Schaden erleidet, wenn wir darin wohnen. Aber durch die Kraft des Heiligen Geistes können wir Angst durch Liebe ersetzen. Die Bibel sagt: »Die vollkommene Liebe treibt die Furcht aus« (1. Johannes 4,18).

Wenn wir die statistischen Zahlen über kriminelle Verbrechen studieren, wenn wir die enormen Mietkosten für eine Gebäude in der Stadt berechnen, wenn wir uns die Abtreibungs- und Mißhandlungsquoten ansehen, müssen wir darauf achten, daß wir unsere Augen nicht vom lebendigen Gott abwenden, der auf seinem Thron regiert.

Bitte Gott, dich mit seiner göttlichen Perspektive zu erfüllen. Hinter diesen statistischen Zahlen stehen Menschen, die Er persönlich kennt. Laß seinen Geist an deinem Geist wirken! Laß Ihn dein Herz zerbrechen und dich mit Mitleid erfüllen! Laß Ihn dein Haupt erheben und deinen Mund mit Lobpreis füllen! Laß Ihn deine Gedanken mit seiner Absicht für die Stadt erfüllen!

Du betrachtest dich vielleicht nicht als einen Propheten, aber wie Daniel in früheren Zeiten kannst du den Gott anrufen, der »das Tiefe und Verborgene offenbart; er weiß, was in der Finsternis ist, und bei ihm wohnt das Licht« (Daniel 2,22).

Die einzige Konstante in der modernen Stadt ist die stete Veränderung. Die Statistiken, die wir zusammentragen, sind oft in dem Moment schon überholt, und deshalb müssen wir zukunftsorientiert sein. Die Entwicklungen und ihre Auswirkungen müssen laufend untersucht werden, um neue Dienste und Gemeinden zu planen oder alte zu erneuern.

Kürzlich trafen sich die Mitarbeiter von Jugend mit einer Mission, die in Los Angeles stationiert sind, zu einem Planungstag. Die Teams, die über die ganze Stadt verteilt sind, kamen zusammen und brachten Forschungsmaterial mit, das sie gesammelt hatten, und wir arbeiteten einen Plan für die Zukunft aus. Wir reduzierten unsere Statistiken und Zeitungsausschnitte, so daß nur mehr übrig bileib, was auf unser Stadtgebiet Einfluß hatte. So wurde allen von uns schnell klar, daß eine neue Vision für den Dienst unter Kindern und ethnischen

Gruppen dringend nötig war. Ich möchte unsere Liste als Beispiel anführen.

Bis zum Jahr 2000: Achtzehn Entwicklungsfaktoren in Los Angeles

1) Eine anhaltende Bevölkerungszunahme durch hohe Geburtsraten und Einwanderung.

Kalifornien (1989)	27 Millionen
Kalifornien (2020)	40 Millionen

2) Ein ununterbrochener Zustrom ausländischer Flüchtlinge vergrößert die kulturelle Verschiedenheit ohne daß eine bestimmte Kultur vorherrscht.

3) Wohlstand und Einfluß der Städte innerhalb des Großstadtgebiets von Los Angeles nehmen zu.

   1989 hatte die gesamte Metropole 157 verschiedene eingemeindete Städte mit einer Einwohnerzahl zwischen 3,3 Millionen Einwohnern (Los Angeles) und 90 Einwohnern (Vernon). Sie steht an der Spitze aller anderen Städte der Vereinigten Staaten mit einem Produktionsversand im Werte von 75,7 Milliarden Dollar im Jahr 1989, gefolgt von Chicago mit 71,5 Milliarden Dollar. Los Angeles ist ein bedeutendes Touristenziel mit 77 Millionen Besuchern pro Jahr, und eine der Hauptattraktionen sind die Einkaufsgeschäfte. Die amerikanischen Tochtergesellschaften von elf ausländischen Autofirmen haben hier ihren Hauptsitz. 120 ausländische Banken haben in Los Angeles eine Niederlassung, und hinsichtlich seines Bruttosozialprodukts steht es verglichen mit allen Ländern der Welt an zehnter Stelle.

   Aufgrund seines geschätzten Bruttosozialprodukts von 275 Milliarden Dollar im Jahr 1989 übertrifft es Brasilien, Indien, Mexiko, Australien, Spanien, die Niederlande und die Schweiz. Kalifornien steht in der Weltwirtschaft an siebter Stelle.

4) Der Pacific Rim entwickelt sich zum vorherrschenden Umschlagplatz des Welthandels.

Los Angeles dient als führender Einlaufshafen zum amerikanischen Markt und als Hauptniederlassung für Geschäftsunternehmen an der Pazifischen Bucht wie Handelsgesellschaften und Finanzunternehmen.

5) Kultur, Politik und Wirtschaft in Los Angeles stehen unter asiatischem Einfluß.
   1985 betrug die asiatische Bevölkerung 792.000. Während die Amerikaner asiatischer Abstammung wahrscheinlich zahlenmäßig niemals die größte ethnische Gruppe darstellen werden, beeinflussen sie schon jetzt die Stadt in einem extrem hohen Ausmaß im Hinblick auf ihre Bevölkerungszahl. Es ist zu erwarten, daß die asiatische Bevölkerung bis zum Jahr 2010 auf eine Million ansteigt, so daß sie dann fast 10 Prozent der Gesamtbevölkerung dieses Gebiets darstellt.
6) Die Stadtzentren werden, ähnlich wie Manhattan, mehr und mehr von der oberen Bevölkerungsschicht bewohnt, und somit werden die mittellosen Familien und Sozialhilfeempfänger aus ihrer gewohnten Umgebung in der Innenstadt verdrängt. Es entstehen neue Armutsviertel in verwahrlosten Wohngebieten und Parks der Vororte.
7) Die städtische Bevölkerung polarisiert sich in reich und arm aufgrund rasch steigender Bodenpreise. Eine permanente Unterschicht von Stadtbewohnern entsteht, die zur Miete wohnen.
8) Die Stadt wird sich in die Breite und nicht in die Höhe entwickeln, wenn das restliche Bauland erschlossen wird und in Sanierungsgebieten alte, verwahrloste Wohnhäuser durch moderne, anspruchsvolle Bauten ersetzt werden.
   Die Steuergesetze fördern eine Entwicklung, die schließlich zum Abbruch verwahrloster Wohnhäuser führt, aber es stehen den armen Familien keine alternativen preiswerten Mietswohnungen zur Verfügung. Dies wird dazu führen, daß mehrere Familien zusammen in Reihenhäusern

und Wohnungen in den Vororten wohnen. Die Obdachlosigkeit, auch unter Familien aus anderen Bundesstaaten und unter Menschen, die vollbeschäftigt sind, wird zunehmen.

9) Ausgedehnte Systeme von Massentransportmitteln mit S- und U-Bahnhöfen werden sich entwickeln.
Dies wird zur Entstehung von verschiedenen Unterhaltungs- und Einkaufszentren in Fußgängerbereichen führen, wo sich für die Evangelisation Kontaktmöglichkeiten mit der Bevölkerung bieten.

10) Auch wenn andere Teile des Landes einen Konjunkturrückgang erleben, wird das persönliche, verfügbare Einkommen der Menschen, die in einem Arbeitsverhältnis stehen, ständig steigen, und sie werden es für Bildung, Erholung und Reisen ausgeben.
Fortbildung für Erwachsene und Privatschulen für Kinder werden bedeutend zunehmen. Die Nachfrage nach Vorschulen, Kindertagesstätten und anderen Arten der Kinderbetreuung wird steigen.

11) Die ältere Bevölkerungsschicht mit einem Durchschnittsalter von zwanzig bis vierundvierzig Jahren wird zunehmen.
Die jüngste Bevölkerungsschicht mit einem hohen Prozentsatz von Einwanderern wird in den Vorstädten zu finden sein. Manche Schulbezirke werden ihre Schulen schließen, während andere weiterhin stark überfüllt sein werden.

12) Die Familien werden weiter zerfallen.
Selbst wenn die Eltern noch zusammen sind, hat nur eine winzige Mehrheit von Kindern eine Mutter, die ausschließlich Hausfrau ist und sie erwartet, wenn sie nach Hause kommen.

13) Die Krise in staatlichen Schulen hält an.
Verbrecherbanden, kriminielles Verhalten unter Kindern, Schwangerschaften unter Teenagern und Drogenabhän-

gigkeit werden weiterhin typische Erscheinungen sein, die größtenteils auf den Verfall des Gemeinschafts- und Familienlebens zurückzuführen sind. Verzweifelte Pädagogen in staatlichen Schulen könnten für bestimmte Formen des christlichen Dienstes offen werden, wie es während einer Drogenepidemie in den frühen siebziger Jahren der Fall war. Es wird sich beispielsweise ein Interesse an Choose Life Seminaren zeigen, die versuchen, den Selbstmord zu bekämpfen. (Mit achtunddreißigtausend Selbstmorden pro Jahr liegt Kalifornien 16 Prozent über dem Landesdurchschnitt.)

14) AIDS wird sich auch in der heterosexuellen Gesellschaft weiterhin rasch ausbreiten.
Trotz der Angst vor Ansteckung wird sich die Tendenz zu Promiskuität besonders unter schwarzen, weißen und spanischen Teenagern nur langsam verändern. Dies wird zu einer steigenden Selbstmordrate unter Teenagern führen.

15) Das nationale Selbstverständnis ist dabei, sich allmählich zu verändern. Der puritanische Traum einer Nation mit den Idealen, anderen zu dienen (beispielsweise Flüchtlingen), verändert sich langsam in das Bild einer Nation, die von Eroberungsidealen geprägt ist (beispielsweise dem Streben nach Ruhm, Reichtum und Macht).
Ungezügelte Freiheit um des persönlichen Erfolgs willen ist unserem Volk jetzt wichtiger geworden als anderen zu dienen. Man kann beobachten, daß sich unsere Gesellschaft gegenwärtig immer mehr vom Idealismus abwendet, - dies geschah schon in den sechziger Jahren - und stattdessen Wohlstand, Sicherheit und Prestige anstrebt. Selbst Kinder aus der Mittelschicht sind an Geld und Karriere interessiert. Südkalifornien leistet einen Hauptbeitrag, den Traum von einem Lebensstil, der von Sinneslust und Genuß geprägt ist, zu verwirklichen.

16) Unter den Christen zeigt sich ein Trend zu starken ethnischen Bewegungen, besonders unter Amerikanern koreanischer und spanischer Abstammung.
17) Los Angeles wird aufgrund einflußreicher Medien und starker politischer und wirtschaftlicher Macht weiterhin eine Stadt sein, die tonangebend ist.
    Der Lebensstil dieser Stadt wird zunehmend in das Licht der Öffentlichkeit rücken, da die Bevölkerungszahl ständig steigt, so daß Los Angeles bald die größte Stadt Amerikas sein wird!
18) Wegen besonderer Produktionsbestimmungen in Küstennähe entwickelt sich eine Reihe großer Städte entlang der amerikanischen Grenze zu Mexiko.
    Diese Städte, wie etwa El Paso-Juarez und San Diego -Tijuana werden zu Anziehungspunkten für Millionen von Flüchtlingen aus dem Süden, die sich aus wirtschaftlichen Gründen dort ansiedeln. Die Grenze zwischen den Vereinigten Staaten und Mexiko stellt weltweit den größten Gegensatz zwischen Armut und Reichtum dar, und dies ist eine enorme Herausforderung für beide Regierungen und für christliche Hilfsorganisationen. Der Arbeitsmarkt in Los Angeles ist das Hauptziel illegaler Einwanderer.

Dies scheint vielleicht eine komplizierte Liste von Informationsmaterial zu sein. Aber sammle zusammen mit deinen Mitarbeitern ähnliche Daten über deine Stadt. Ueberlegt, welche Entwicklungen in den nächsten zwölf Jahren für eure Stadt vorauszusehen sind?

Bei dem Versuch, die zukünftige Entwicklung eurer Stadt zu bestimmen, wird sich zeigen, daß manche Tendenzen allgemein bekannt sind, während andere nur durch statistische Analyse und sorgfältige Berechnung entdeckt werden können. Statistische Informationen können aus dem Jahresbericht der

Stadt, aus Volkszählungen und anderen Publikationen, aber auch aus Artikeln der Tageszeitungen entnommen werden.

Wenn ihr eure eigene Liste von Entwicklungsfaktoren entworfen habt, könntet ihr euch folgende Fragen stellen:

1) Welche Entwicklungen stellen die beste Gelegenheit für die Verbreitung des Evangeliums dar? (Zum Beispiel ein Zustrom von Flüchtlingen).
2) Zeichnet sich eine Krise ab, die zum Mittelpunkt intensiven Gebets und christlichen Dienstes werden sollte? (z.B. zunehmende Obdachlosigkeit und Arbeitslosigkeit.)
3) Werden bestehende christliche Organisationen und Gemeinden durch wirtschafts- und sozialpolitische Veränderungen Schaden erleiden?
4) Wo wird die Gemeinde Gottes weiterhin wachsen? (Zum Beispiel unter der spanischen Bevölkerung und in neuen Wohngegenden der Mittelschicht.)
5) Zeigt sich in irgendeiner Subkultur ein ungewöhnlich hohes Maß an satanischer Unterdrückung? (Beispielsweise eine plötzlicher Anstieg der Selbstmordrate unter Teenagern.)
6) Welche Subkultur befindet sich in größter geistlicher Finsternis?
7) Welche Subkultur stellt die Ärmsten der Armen, die schutzloseste und bedürftigste Gruppe der Stadt dar?
8) Welche Möglichkeiten der Partnerschaft bieten sich zwischen geistlich lebendigen Gemeinden, stagnierenden Gemeinden und christlichen Diensten in anderen Stadtteilen?
9) Gibt es Bevölkerungsgruppen, die wirklich nach Hilfe rufen?
   (Beispielsweise Stadtgebiete, die von Banden heimgesucht werden, oder ledige Mütter.)
10) Welche sozialen Problemen sind in jedem Stadtteil das größte Anliegen der Bevölkerung? (Beispielsweise AIDS, Rassenkampf oder Grundsteuer.)

11) Was lassen diese Entwicklungen über das Wesen der unsichtbaren Welt über der Stadt erkennen?
12) Verfolgt der Dienst deiner Gemeinde oder Organisation die richtigen Ziele?

Wenn wir ausreichende Kenntnisse über unsere Stadt besitzen, können wir von Gott eine Offenbarung über eine bestimmte Strategie für Evangelisation und Jüngerschaftsschulung empfangen. Im nächsten Teil werden wir den Jordan überqueren und mit dem Kampf beginnen.

Teil IV

Wir lernen zu kämpfen Grundlagen geistlicher Kampfführung

»Schlangen trittst du nieder.« Psalm 91,13

Kapitel 12

Zum Kämpfen geboren

»Und es wurde geworfen der große Drache, die alte Schlange, der Teufel und Satan genannt wird, der den ganzen Erdkreis verführt, geworfen wurde er auf die Erde, und seine Engel wurden mit ihm geworfen.«
Offenbarung 12,9

Wenn wir die Tore unserer Stadt erkannt und deren geistlichen Zustand beurteilt haben, können wir zu handeln anfangen. Dieser Teil soll uns dabei helfen, die Realität der geistlichen Welt besser zu verstehen. Wir bereiten uns auf geistliche Kampfführung vor, indem wir unsere Bestimmung als Gläubige erkennen, die Autorität des Herrn über seine Feinde auszuüben. Wir sind dann in der Lage, gegen die geistlichen Festungen unserer Stadt wirksamer anzugehen.

Die Menschheitsgeschichte ist die Geschichte eines anhaltenden Kampfes gegen die Abgesandten des Bösen. Ueberlegen wir, warum all diese Dämonen überhaupt hier sind. Wie ist es dazu gekommen, daß wir auf einem Planeten leben, auf dem sich das Böse so stark festgesetzt hat?

Die Bibel lehrt, daß die Engel geschaffen wurden, um heilig zu sein (1. Mose 1,31), aber zu irgendeinem Zeitpunkt vor der Erschaffung des Menschen begann ein Teil der Engel gegen Gott zu rebellieren. Diese rebellischen Engel wurden von Gott gerichtet. Einige wurden mit Ketten in die Hölle gestoßen (2. Petrus 2,4), andere aber blieben frei, um gegen Gott und sein Reich zu kämpfen.

Warum hat Gott das getan? Warum gab er einer Streitmacht die Freiheit, ihm selbst Widerstand zu leisten? Ich glaube der Grund dafür ist, daß die Entwicklung der höchsten Leistungsfähigkeit des Menschen von der Erfahrung mit einem Gegner abhängig ist.

Gott wollte, daß wir kämpfen lernen.

Der Mensch gehört einer kriegerischen Rasse an, ist nach Gottes Bild geschaffen und dazu bestimmt, an seiner Seite zu regieren. Der Drang, etwas zu erobern, über etwas zu herrschen, ist Teil unserer Natur. Dieses Verlangen kann durch Stolz zur Machtgier entstellt werden oder aber durch die wohlwollende Herrschaft über Gottes eigenes Reich umgewandelt und nutzbar gemacht werden. Wir sind dazu berufen, mit Christus zu regieren.

Aus den erlösten Kindern Adams entwickelt sich eine Braut, die beim Hochzeitsmahl des Lammes in die Gemeinschaft mit dem dreieinigen Gott eintreten wird (Offenbarung 19,5-9). Vor der Ewigkeit steht jedoch eine kurze Erfahrung irdischen Kampfes auf Gottes Plan. Denken wir an Gottes ursprüngliche Anweisung an Mann und Frau in 1. Mose 1,28: »Seid fruchtbar und vermehrt euch, und füllt die Erde, und macht sie euch untertan; und herrscht über die Fische des Meeres und über die Vögel des Himmels und über alle Tiere, die sich auf der Erde regen!« Es ist hier zu beachten, daß das Wort *untertan machen* eine gegnerische Stellung andeutet. Gott gebrauchte nicht ein Wort wie *bebauen*. Er wußte, daß ein Mensch sein Erbe nur dann antritt, wenn er die Herrschaft übernimmt.

Gottes grundlegendes Motiv für die Schöpfung war, mit den Menschen eine liebevolle Beziehung zu haben. Jede Beziehung hat drei wesentliche Aspekte: Gemeinschaft, das Entdecken von Merkmalen und Charakterzügen am anderen und gegenseitige Verantwortung. Die Ausbildung für letzteres ist der Grund dieser irdischen Lehrzeit.

Es ist Gottes Plan, uns nicht nur an einer engen Beziehung mit ihm teilhaben zu lassen, sondern auch an der Verantwortung, das Universum in Gerechtigkeit und Barmherzigkeit zu regieren. Wir sollen mit ihm in Liebe (Agape), in aufopfernder Liebe, regieren.

Gott hat uns zu einem persönlichen Erbe ausersehen. Unser Erfolg wird sich nicht in der Tatsache zeigen, dass wir uns auf unserem Todesbett rühmen können, daß wir immer noch errettet und unsere Kinder und Enkelkinder alle im Reich Gottes sind. Das ist nur ein Teil unserer Bestimmung.

Wenn wir mit aller Kraft danach streben, Gott zu erkennen, schenkt Er uns Erkenntnis über unsere persönliche Bestimmung. Wir sind berufen, an bestimmte Orte zu gehen und bestimmte Menschen zu segnen. Uns wurde eine Gabe gegeben, eine Verheißung und ein Bereich, den wir einnehmen sollen.

Während wir das Evangelium verkünden, Kinder erziehen und die Reichtümer der Erde verwalten, versuchen dämonische Mächte, uns zu plagen. Gott hat sie nur deshalb auf dieser Erde gelassen, damit wir an ihnen üben können. Diese Dämonen sind bereits besiegt und gerichtet, aber wir haben das Vorrecht, »das aufgeschriebene Gericht an ihnen zu vollziehen« (Psalm 149,9).

Ich glaube, unsere Erfahrung ist vergleichbar mit der Josephs in der Bibel. Er mußte während seiner Ausbildung zum Leiter schrecklich leiden, weil ihn seine eifersüchtigen Brüder in die Sklaverei verkauft hatten. Viele Jahre später traten dieselben Brüder ihn vor Joseph, den Herrscher, und hörten ihn sagen: »Ihr hattet Böses gegen mich beabsichtigt; Gott aber hatte beabsichtigt, es zum Guten zu wenden« (1. Mose 50,20).

Es wird eine Zeit kommen, da wir, die Braut Christi, zum Heer der gefallenen Engel sagen können: »Ihr habt versucht, uns auf einem dunklen und gefallenen Planeten zu Sklaven zu machen. Ihr hattet Böses mit uns im Sinn, aber unser Gott hat diese Erfahrung benutzt, um uns auf die Herrschaft vorzubereiten.«

Das gibt uns die Antwort auf die Frage: Warum Gott die Gegenwart des Bösen auf der Erde erlaubt? Natürlich ist die Möglichkeit, Böses zu tun, in der moralischen Freiheit des Menschen begründet; wir haben die Freiheit zu wählen. Damit ist jedoch nicht die Frage über die Dämonen beantwortet.

Als die Menschen erschaffen wurden, waren Luzifer und die rebellischen Engel bereits auf diesem Planeten.

Seit dem Sündenfall von Adam und Eva sind aufgrund fortgesetzter Sünde die menschlichen Kulturen von teuflischem Einfluß durchdrungen.

Die Nachfolger Jesu stehen nun einer ähnlichen Aufgabe gegenüber wie das Volk Israel, als es den Jordan überquert hatte und das verheißene Land betrat. Es zog »durch Glauben« in das Land ein, so wie wir »durch Glauben« unsere Errettung in Anspruch nehmen. Dann stand es der Aufgabe gegenüber, die Kanaaniter zu besiegen.

In Richter 3,1-2 finden wir einen Hinweis auf die Stämme der Kanaaniter, die nach dem Tod Josuas im Land blieben. Es folgte die Stelle mit dieser interessanten Aussage: »Nur damit er die Generationen der Söhne Israel erkenne, indem er sie den Krieg lehrte, nur die von damals, die sie nicht kannten.«

Will Gott immer noch, daß wir Krieg kennenlernen? Gehört es immer noch zu seinem Plan, uns als Krieger auszubilden? Ja, wir sollen mit Gott zusammen in den Kampf ziehen. Die Gläubigen des Neuen Testaments streiten in der Auferstehungskraft Jesu. »Denn die Waffen unseres Kampfes sind nicht fleischlich, sondern mächtig für Gott zur Zerstörung von Festungen« (2. Korinther 10,4).

Die feindliche Umgebung ist für unsere ewige Zukunft von Bedeutung. Der Mensch ist zur Herrschaft berufen. Es ist notwendig, daß wir uns während unserer kurzen Lehrzeit auf

Erden einem Gegner stellen, damit unser Charakter dafür geschult wird, mit Christus in der Ewigkeit zu herrschen.

Biblische Erklärungen der bösen Geister

Bevor wir die Taktik unserer Kampfführung erforschen, müssen wir uns damit befassen, was uns die Bibel über Satans Reich offenbart. Die folgende kurze Zusammenfassung, mit Verweisen auf Schriftstellen, ist als Hilfestellung für eine weitere Beschäftigung mit diesem Thema gedacht.

Wir können mit der Betrachtung der folgenden beiden wichtigen Bibelabschnitte beginnen:

> Er hat...uns errettet aus der Macht der Finsternis und versetzt in das Reich des Sohnes seiner Liebe (Kolosser 1,13).
> ...als er die uns entgegenstehende Handschrift in Satzungen, die gegen uns war, ausgetilgt hat, hat er sie auch aus der Mitte weggenommen, indem er sie ans Kreuz nagelte; als er die Gewalten und die Mächte völlig entwaffnet hatte, stellte er sie öffentlich bloß. In ihm hielt er über sie einen Triumph (Kolosser 2,14.15).

1) Nach der Kirchentradition bezieht sich Jesaja 14, 12-15 auf den Teufel. Er wird in diesem Abschnitt als »Glanzstern« bezeichnet, das heißt auf lateinisch »Luzifer«.
2) Gott hatte verschiedenen Engeln von hohem Rang Verantwortung übertragen. Einer dieser Engel hieß Luzifer. Er könnte ein Erzengel gewesen sein, obwohl Michael der einzige ist, der in der Bibel als solcher bezeichnet wird (Judas 1,9).
3) Weil Luzifer gegen Gott rebellierte, wurde er aus dem Himmel gestoßen und nahm ein Drittel der Engel mit sich. Jedes moralisch freie Geschöpf im Universum muß irgendwann eine endgültige Entscheidung treffen, ob es

Gottes oder seinem eigenen Willen gehorcht. Luzifer wählte seinen eigenen Willen (Offenbarung 12,7-9).

4) Ein Teil der gefallenen Engel wurde in die Hölle gestoßen und bis zum Gericht gefesselt, während andere frei blieben und Gott und sein Reich bekämpfen (2. Petrus 2,4).
5) Luzifer wurde zum Widersacher oder Gegner, und dies ist auch die Bedeutung des Namens »Satan«. Er ist sowohl der Feind Gottes als auch des Menschen. Satan ist voller Rachgier gegen die erlösten Kinder Adams, die mit Christus in der Herrlichkeit regieren werden.
6) Satan und seine gefallenen Engel wurden am Kreuz besiegt, und sie werden endgültig verurteilt werden (Kolosser 2,15; Matthäus 25,41).
7) Dämonen sind die treibende Kraft hinter falschen Religionen, Götzendienst, Magie und Zauberkraft (5. Mose 31,17; Psalm 96,5; 1. Korinther 10,19.20; Offenbarung 9,20.21).
8) Satan und die Dämonen führen einen anhaltenden Krieg gegen die Gemeinde, und alle Gläubigen sind aufgerufen, die böse geistliche Macht in der unsichtbaren Welt auf allen Ebenen zu bekämpfen (Epheser 6,10-15).
9) Die Dämonen haben von Gott die Erlaubnis, die Menschen in begrenzter Weise zu versuchen und zu betrügen, aber sie können sich nicht über den menschlichen Willen hinwegsetzen (1. Korinther 10,13; Hiob 1,12).
10) Die Dämonen haben eine begrenzte Gewalt über Naturerscheinungen innerhalb der Erdatmosphäre (Hiob 1,19).
11) Satan hat zwei Hauptmerkmale, die auch seine Waffen gegen die Menschheit und die Gemeinde sind: er ist ein Verkläger und ein Verführer (Offenbarung 12,7-10).
12) Die Bibel beschreibt Merkmale dämonischer Unterdrükkung wie etwa Geisteskrankheit, körperliche Krankheit, Masochismus, Nacktheit und Stummheit (Matthäus 8,28-33; Markus 5,1-6; Lukas 8,26-39; Matthäus 9,32).
13) Satan hat bestimmten Dämonen bestimmte Gebiete, Nationen, Städte und Subkulturen zugeteilt. Diese Dämonen

versuchen, die Menschen in ihrem Bereich zu verführen und gegen Gott aufzubringen.
Hesekiel 28,12 enthält zum Beispiel einen Verweis auf den König von Tyrus. Aus dem Zusammenhang dieses Abschnitts geht hervor, daß sich der Geist Gottes nicht auf einen irdischen Herrscher bezieht, sondern auf einen Fürsten oder eine Macht, wie jene, die in Epheser 6,12 erwähnt wird.

14) Jesus bewies seine Macht über Dämonen und übertrug diese Macht auf seine Nachfolger (Markus 16,17; Offenbarung 12,11).
Weitaus wichtiger als die Beschäftigung mit Engeln und Dämonen ist die Beschäftigung mit Gott selbst. Betrachten wir etwa folgenden Abschnitt aus dem Buch der Offenbarung 19,4-6:

> »Und die vierundzwanzig Ältesten und die vier lebendigen Wesen fielen nieder und beteten Gott an, der auf dem Thron sitzt, und sagten: Amen, Halleluja! Und eine Stimme kam vom Thron her, die sprach: Lobt unseren Gott, alle seine Knechte, die ihr ihn fürchtet, die Kleinen und die Großen!
> Und ich hörte etwas wie eine Stimme einer großen Volksmenge und wie ein Rauschen vieler Wasser und wie ein Rollen starker Donner, die sprachen: Halleluja! Der Herr, unser Gott, der Allmächtige, hat die Herrschaft angetreten.«

Dies ist der Ausdruck der Freude im Himmel, wenn Satans Werke beim Jüngsten Gericht zerstört werden. Ich kann es kaum erwarten! Eines ist sicher - Jesus nachzufolgen bedeutet, auf einen endgültigen und vollkommenen Sieg zuzugehen.

Kapitel 13

Die unsichtbare Welt

»...da wir nicht das Sichtbare anschauen, sondern das Unsichtbare; denn das Sichtbare ist zeitlich, das Unsichtbare aber ewig.« 2. Korinther 4,18

Was tut der Feind jetzt gerade in deiner Stadt? Wahrscheinlich setzt er eben einige Häuser in Brand, so wie es seiner Natur entspricht. Was tun? Wir können uns abhetzen und den Brand immer wieder löschen, oder wir können den Brandstifter festnehmen und verurteilen.

Wenn wir das Reich Gottes betrachten, richten wir unser Augenmerk nicht auf die Gaben, sondern auf den Geber. Jesus steht im Mittelpunkt unseres Interesses. In ähnlicher Weise sollten wir auch an das Reich der Finsternis herantreten.

Wir sollten uns nicht auf das Böse konzentrieren und dabei den Bösen ignorieren. Wir neigen dazu, auf die Probleme zu schauen, die von gefallenen Engeln verursacht werden, ohne diese als die Urheber zu sehen. In den Tageszeitungen lesen wir über Gewaltverbrechen, korrupte Regierungsmächte und Kindsmißhandlung, ohne den Zusammenhang mit dem realen Konflikt in der unsichtbaren Welt klar herzustellen.

Christen sind berufen, in der unsichtbaren Welt zu wirken. Wir müssen die Initiative ergreifen und dem Feind Land abgewinnen. Viele Gläubige üben Befreiungsdienst im kleinen Rahmen aus, wie etwa in der Seelsorge, sehen aber die Probleme im größeren Rahmen nur als Folgen sozialer und polititscher Entwicklungen.

Ich fühle mich zu politischem und sozialem Handeln verpflichtet, aber ich erkenne, daß es wichtiger ist, durch vereintes Gebet den Sieg über geistliche Gewalten zu erringen, als fähige Leute in ein Amt zu wählen.

Die obersten Prioritäten eines bibelgläubigen Christen sollten persönliche Umkehr und ein heiliges Leben sein. Dies führt zu vereintem Gebet, Erweckung der Gemeinde Gottes, geistlichem Aufbruch unter den Verlorenen, moralischer Besserung der Gesellschaft und zu internationaler Missionsarbeit. Dies ist der historische Verlauf von Erweckung. Wir müssen in jeder Generation bewußt diese Richtung verfolgen.

Wenn ich die Städte der Vereinigten Staaten betrachte, sehe ich, wie die Christen als ziellose Gruppen umherwandern, ihren alltäglichen Geschäften nachgehen und kaum einen Sinn für gemeinsame Ziele entwickeln.

Durch strategischen Truppenzusammenzug werden in Kriegszeiten Schlachten gewonnen. Die Soldaten greifen nicht einzeln an. Sie folgen einem Plan, den der Heerführer anhand einer großen Landkarte und einer Menge von Informationen aufstellt. In manchen unserer Städte haben unsere Soldaten schon so lange keine Nachricht mehr über den Verlauf der Schlacht erhalten, daß sie aufgehört haben zu schießen. Sie spazieren auf dem Schlachtfeld herum, bereiten ihr Essen zu und widmen sich im allgemeinen ihrem eigenen Wohlergehen.

In Nehemia 4,14 heißt es: »An den Ort, woher ihr den Schall des Horns hört, dorthin sammelt euch zu uns! Unser Gott wird für uns kämpfen!« Die Isrealiten, die die Mauern Jerusalems wieder aufbauten, hatten Kenntnis vom Vorhaben des Feindes und ein System für gemeinsames Handeln, auch wenn sie entlang der Mauer verstreut stationiert waren und einander nicht sehen konnten.

Der moderne Christ sollte die Bibel, die schriftlichen Befehle des Heerführers, zur Hand nehmen und die Beschreibung des Schlachtfeldes lesen.

Folgende kurze Zusammenfassung gibt einige der im Wort Gottes offenbarten Aussagen über die unsichtbare Welt wieder, die sich auf die Zerstörung unserer Städte beziehen und die Anleitungen geben, wie wir dieser Zerstörung Einhalt gebieten können.

1) Satans Reich ist eine begrenzte Hierarchie böser Geister, mit einer Ordnung, Autorität und Befehlsgewalt.
2) Leitende, übernatürliche Persönlichkeiten, die in Epheser 6 als Gewalten und Mächte bezeichnet werden, versuchen geographische Gebiete, Städte, Völker und Subkulturen zu beherrschen.
3) In Gottes Wort werden die Gläubigen zwar angewiesen, solche Wesen mit Respekt zu behandeln, aber es wird ihnen auch befohlen, die Gefangenen gefangen zu führen, den Starken zu binden, ihn seiner Habe zu berauben und die Herrschaft und Gewalt des Bösen zu bekämpfen.
4) Weil Jesus den Teufel besiegt hat, haben wir als Gläubige die Autorität erhalten, ihn zu überwinden.
5) Gestützt auf die Erkenntnis der unsichtbaren Welt, müssen wir Gottes Macht strategisch einsetzen.
6) Wir müssen den Feind überwinden, *bevor* wir andere Methoden des christlichen Dienstes unter den Menschen anwenden.
7) Jesus sagte: »...Und jede Stadt oder jedes Haus, das mit sich selbst entzweit ist, wird nicht bestehen« (Matthäus 12,25). Geistliche Autorität steht im Verhältnis zu den harmonischen Beziehungen zwischen den Gläubigen, die vereint auf ein gemeinsames Ziel zugehen.

> »Wahrlich, ich sage euch: Wenn ihr etwas auf der Erde binden werdet, wird es im Himmel gebunden sein...Wiederum sage ich euch: Wenn zwei von

> euch auf der Erde übereinkommen werden,irgendeine Sache zu erbitten, so wird sie ihnen werden von meinem Vater, der in den Himmeln ist« (Matthäus 18,18.19).

Vielen Gläubigen sind diese sieben Aspekte bekannt, aber allzu oft werden diese Tatsachen nur zu einer theoretischen Lehre für uns. Oder leben wir in dem ständigen Bewußtsein dieser faszinierenden Realität, die außerhalb des Bereichs unserer Sinneswahrnehmung liegt? Die Bibel enthält gleichnishafte Erklärungen, aber was sie über das Wesen der unsichtbaren Welt offenbart, ist ein Tatsachenbericht über das Universum aus Gottes Perspektive.

Wir werden eines Tages durch den Tod oder die Entrückung diese fleischliche Hülle ablegen. Was wir dann sehen, wird uns entweder mit Reue über unsere törichte Blindheit erfüllen oder mit Staunen und Freude, da die vertraute Realität klar erkennbar wird.

»Wenn ihr nun mit dem Christus auferweckt worden seid, so sucht, was droben ist, wo der Christus ist, sitzend zur Rechten Gottes. Sinnt auf das, was droben ist, nicht auf das, was auf der Erde ist« (Kolosser 3,1-2).

Kapitel 14

Wir beten in Gegenwart himmlischer Heerscharen

»Und ich sah: und ich hörte eine Stimme vieler Engel rings um den Thron her und um die lebendigen Wesen und um die Ältesten; und ihre Zahl war Zehntausende mal Zehntausende und Tausende mal Tausende.« Offenbarung 5,11

Die Realität der Ewigkeit und der geistlichen Welt sollten die Priorität sein, die unser Denken beherrscht. Sind wir dem Glauben nach Christen, aber dem Handeln nach Agnostiker? Beziehen wir die Existenz himmlischer Heerscharen in unser Handeln mit ein, oder sind wir genau so irdisch gesinnt wie der durchschnittliche weltliche Heide?

Wir werden eines Tages sterben. Werden wir dann erst die Trugbilder des Traums verachten, den wir jetzt als Wirklichkeit betrachten? Jesus ging mit seinem Auferstehungsleib durch Wände hindurch (Lukas 24,36.37), denn Er war der feste Körper, und die Wände waren für Ihn nebelhaft und verschwommen.

Wenn du das nächste Mal bei einem Gebetstreffen bist, dann achte einmal darauf, wie die Gläubigen beten. In den meisten

Fällen scheint den Versammelten nicht bewußt zu sein, was in der unsichtbaren Welt geschieht.

Den lebendigen Gott auf seinem Thron anzusprechen ist eine Ehrfurcht gebietende Handlung. Millionen von Engeln stehen im Dienst seiner Macht. Wenn wir beten, stehen wir in der Gegenwart einer hohen Majestät und sind von einer großen »Wolke von Zeugen« umgeben (Hebräer 12,1).

Bedenke Salomos Worte der Weisheit: »Sei nicht vorschnell mit deinem Mund, und dein Herz eile nicht, ein Wort vor Gott hervorzubringen! Denn Gott ist im Himmel, und du bist auf der Erde; darum seien deine Worte wenige« (Prediger 5,1).

Es ist nicht verwunderlich, daß es in der Bibel auch heißt: »Ebenso aber nimmt auch der Geist sich unserer Schwachheit an; denn wir wissen nicht, was wir bitten sollen, wie es sich gebührt« (Römer 8,26). Dies bedeutet nicht, daß wir zaghaft beten sollen. Wir müssen Gebete sprechen, die Gottes Größe und Allmacht gerecht werden. Betrachten wir etwa Psalm 2,8, wo der Vater zum Sohn spricht: »Fordere von mir, und ich will dir die Nationen zum Erbteil geben, zu deinem Besitz die Enden der Erde.«

Das Gebet eines Menschen kann den Verlauf der Geschichte verändern, indem es Legionen von Engeln auf der Erde freisetzt.

Wenn wir diese Wahrheit wirklich begriffen, würden wir intensiv und anhaltend beten.

Ich nahm vor kurzem an einer nationalen Gebetskonferenz teil und war von dem kraftlosen Gebet am ersten Tag enttäuscht. Ich fragte den Konferenzleiter, ob ich einige Beschreibungen der himmlischen Welt aus der Bibel vorlesen dürfe. Er erklärte sich freundlicherweise einverstanden. Nachdem wir das Wort Gottes gehört hatten, beteten wir in kleinen Gruppen weiter. Welch ein Unterschied! Der Raum war erfüllt von dem Brausen stürmischen Gebets, da ernsthafte Heilige ihre Waffen aufnahmen und kämpften.

Manchmal hört man den Ausspruch: »Er ist so himmlisch gesinnt, daß er für das irdische Leben nicht mehr taugt.«

Aber stimmt dies wirklich? Es stimmt wohl, wenn es sich auf jemanden bezieht, der durch Drogengebrauch einem religiösen Mystizismus verfällt. Diese Aussage stimmt jedoch nicht, wenn sie auf einen Gläubigen angewandt wird, der im Glauben und Gehorsam Gott gegenüber wandelt.

Die himmlisch gesinnten Heiligen der Bibel haben den Lauf der Geschichte verändert. In Hebräer 11,16 werden die Glaubenshelden erwähnt: »Jetzt aber trachten sie nach einem besseren, das ist nach einem himmlischen. Darum schämt sich Gott ihrer nicht, ihr Gott genannt zu werden, denn er hat ihnen eine Stadt bereitet.«

Sind wir bereit, den Preis für den Sieg über unsere Städte zu zahlen? Es ist ein hoher Preis an Selbstdisziplin, Gebet und Gehorsam. Wir werden niemals bereit sein, unser Kreuz auf uns zu nehmen, wenn wir nicht in die Ewigkeit geschaut und das erhabene Wesen Gottes und seinen ewigen Plan für die Menschen erblickt haben. »Jesus..., der um der vor ihm liegenden Freude willen ...das Kreuz erduldete« (Hebräer 12,2).

Wofür leben wir? Das Leben ist kurz. Zu kurz, um es mit dem fieberhaften Suchen nach Geborgenheit zu verbringen. Wir finden als Gottes einzigartige Geschöpfe unsere Identität und Geborgenheit als seine geliebten Kinder. Wir wollen uns jetzt auf ein Abenteuer mit Gott einlassen, das mit der Verkündigung des Evangeliums in aller Welt beginnt und sich in einer Ewigkeit voller Überraschungen fortsetzt.

Ich kannte einmal eine Frau, die völlig für die Freude der ewigen Welt lebte. Diese völlig erfüllte, zufriedene Frau war Elsie, eine Fürbitterin, die aufgrund einer doppelseitigen Lähmung zweiundvierzig Jahre lang bettlägrig war und dann an Krebs starb. Sie schrieb mir 1977 das erste Mal. Ihr geliebter Mann war schon zehn Jahre tot. Sie lebte allein, aber sie war nie einsam. Trotz ihrer Schmerzen erfüllte die Gegenwart Jesu ihr Leben mit Freude.

»Sie laben sich am Fett deines Hauses, und mit dem Strom deiner Wonne tränkst du sie.« (Psalm 36,9)
»Du wirst mir kundtun den Weg des Lebens; Fülle von Freude ist vor deinem Angesicht, Lieblichkeiten in deiner Rechten immerdar.« (Psalm 16,11)

Vor ihrem Tod offenbarte mir Elsie das Geheimnis ihrer Freude. Elsie beschrieb ihre Erfahrung wie folgt:

»Neun Monate nachdem mein Mann zum Herrn heimgegangen war, hatte ich eine Vision und erhielt von Jesus den Auftrag für mein Leben. Er enthielt Erbarmen für alle Menschen und Fürbitte. Der Heilige Geist lehrte mich und lehrt mich immer noch, von Augenblick zu Augenblick in ihm zu bleiben. Ich, Elsie, bin nichts als ein Sünder, durch Gnade errettet, aber wenn ich erkenne, daß Christus in mir all das ist, was ich nicht bin, möchte ich ganz laut *Halleluja* rufen! Er lebt, und weil er lebt, werde auch ich ewig im Himmel leben. Preis sei seinem heiligen Namen! In der Vision wurde mir die Herrlichkeit Gottes gezeigt, die Schekina Herrlichkeit! Wir werden mit Licht bekleidet sein. Ich bekam einen Vorgeschmack vom Himmel und ich kann ganz ehrlich sagen, daß das beste auf Erden nur ein Schatten dessen ist, was Gott für uns bereitet hat. Auf Erden sehen wir nur einen schwachen Abglanz der Wirklichkeit im Himmel. Sogar unser Leib wird verwandelt werden. O, welch wunderbarer Tag, wenn wir wie unser gesegneter, kostbarer Herr sein werden!«

Elsies Leben war eine Veranschaulichung von 1.Petrus 4,1.2:

»Da nun Christus im Fleisch gelitten hat, so waffnet auch ihr euch mit demselben Sinn - denn wer im Fleisch gelitten hat, hat mit der Sünde abgeschlossen - um die im Fleisch noch übrige Zeit nicht mehr den Begierden der Menschen, sondern dem Willen Gottes zu leben.«

Der Apostel Paulus schrieb an die Korinther, nachdem er eine der dunkelsten Zeiten seines Lebens erlebt hatte. Seine Worte gleichen denen Elsies. Er schrieb:

> »Darum werden wir nicht müde; sondern wenn auch unser äußerer Mensch verfällt, so wird doch der innere von Tag zu Tag erneuert. Denn unsre Trübsal, die zeitlich und leicht ist, schafft eine ewige und über alle Maßen gewichtige Herrlichkeit, uns, die wir nicht sehen auf das Sichtbare, sondern auf das Unsichtbare. Denn was sichtbar ist, das ist zeitlich; was aber unsichtbar ist, das ist ewig.«
> (2. Korinther 4,16-18)

Um die Realität der unsichtbaren Welt noch besser zu verstehen, wollen wir einen Aspekt des »Unsichtbaren« eingehender betrachten: die Existenz und das Wirken von Engeln.

Kapitel 15

Engel

»Sind sie nicht alle dienstbare Geister, ausgesandt zum Dienst, um derer willen, die das Heil erben sollen?« Hebräer 1,14

Es war eine sternenklare Nacht. Wir blickten durch das Fenster des Restaurants auf eine endlose Lichterkette. Der Feiertagsverkehr auf einer kalifornischen Schnellstraße donnerte an uns vorbei.

»Wo ist Matthew?« fragte meine Frau Julie.

»Er ist mit David zur Toilette gegangen«, sagte Paul.

Einige Minuten später kam mein ältester Sohn David zurück, aber der jüngste, Matthew, zweieinhalb Jahre alt, war verschwunden.

Wir suchten das Restaurant ab. Wir suchten den Parkplatz ab. Und nachdem wir ein nahegelegenes Einkaufszentrum abgesucht hatten, überkam uns Verzweiflung. Unsere größte Angst war, daß er auf die Schnellstraße oder die verkehrsreichen Straßen laufen könnte, die das Restaurant ohne Abzäunung von drei Seiten umgaben.

Ich suchte gerade den steilen Abhang am Rande der Schnellstraße ab, als ich ihn fand. Er saß im Dunkeln, nur ein paar Meter von dem unaufhörlichen Strom der Autos und Lastwagen entfernt, die mit hoher Geschwindigkeit vorüberfuhren.

»Hallo, Matthew«, sagte ich, und versuchte, meine panische Angst zu verbergen.

»Hallo, Papa«, sagte er. »Der Mann hat meine Füße zusammengebunden, deshalb habe ich mich hingesetzt«.

»Welcher Mann?« fragte ich.

»Ein netter Mann«, sagte Matthew. »Siehst du, meine Füße sind fest zusammengebunden.«

Ich konnte an seinen kleinen Füßen nichts erkennen, aber er tat so, als könne er sie nicht bewegen. Und er konnte sich auch wirklich nicht bewegen, bis ich mich zu ihm hinunterbeugte und ihn in meine Arme nahm. »Dank sei Gott für Seine Engel!« rief ich in die Nacht hinein.

Dieses Erlebnis hätte Julie und mich eigentlich nicht überraschen brauchen. Als Teenager hatten wir beide persönlich den Dienst der Engel erfahren. Julie war auf einem Sommereinsatz mit Jugend mit einer Mission in Sambia. Sie war neunzehn Jahre alt, und als junger Christ das erste Mal im Ausland. Sie fühlte sich durch eine Reihe schwieriger Umstände bedrückt und weinte sich eines Nachts in den Schlaf. Sie wachte mitten in der Nacht auf und fühlte sich erfrischt. Der Herr öffnete ihr die Augen, und sie sah einen Schutzengel, ein wunderbares, in Licht gekleidetes Wesen. Sein Haar war weiß und lockig, und seine Augen leuchteten. Der Raum war mit Frieden erfüllt.

Ich hatte im Jahr zuvor eine ähnliche Erfahrung.

1971 verließ ich mein Heimatland Neuseeland, um eine Jüngerschaftschule von Jugend mit einer Mission in Lausanne in der Schweiz zu besuchen. Dort wurde mein Leben völlig verändert. Die Zeugnisse von Gastrednern wie Loren Cunningham, Bruder Andrew und Corrie ten Boom erfüllten uns mit einem tiefen Verlangen, Gott als Missionare zu dienen.

Die eindruckvollste Erfahrung war, als wir während einer Gebetszeit in kleinen Gruppen für die Nationen der Welt hörten, wie Gott zu uns sprach. Gott berief ganze Gebetskreise in verschiedene Länder. Als unsere Schulzeit zu Ende war, reisten meine Mitschüler ab und fuhren als Teams nach Marokko, Deutschland, Spanien und Afghanistan und andere abenteuerliche Länder, aber ich hatte immer noch keine klare Führung von Gott empfangen.

Ich war neunzehn Jahre alt und wollte unbedingt ein Missionar sein, am liebsten in einem Land wie Brasilien oder Neuguinea. Drei Tage nach Schulende beschloß ich nach Deutschland zu gehen, denn ich konnte ein wenig Deutsch, und Freunde von mir waren im Team, das nach Deutschland reiste; aber ich spürte keinen inneren Frieden.

»Lieber Gott, zeige mir nur, in welches Land ich gehen soll, und ich will dir mein ganzes Leben lang dort dienen«, war mein Herzensschrei, während ich den ganzen Tag über betete.

Am nächsten Morgen erwachte ich mit einer Schriftstelle, die fest in meine Gedanken eingeprägt war. Es war Hesekiel 3,5. Ich hatte das Buch des Propheten Hesekiel noch nie gelesen und hatte deshalb keine Ahnung, was darin stand. Ich las: »Denn nicht zu einem Volk mit dunkler Sprache und schwieriger Rede bist du gesandt, sondern zum Haus Israel.«

Während des ganzen Morgens hörte ich auf Gott. Er sprach zu mir durch Schriftstellen, und er sprach auch direkt in meine Gedanken. Zu meiner Überraschung berief er mich an den Ort, den ich zuallerletzt für den Missionsdienst in Betracht gezogen hätte: in die Vereinigten Staaten von Amerika.

Ich war von dieser Führung so stark überzeugt, daß ich meine Sachen packte und mit Bussen und Zügen Europa in Richtung Westen durchquerte mit dem Ziel, die Vereinigten Staaten zu erreichen. Ich hatte am Anfang meiner Reise vierundzwanzig Dollar. Mein junger Reisegefährte, der nur bis England fuhr, hatte nicht viel mehr.

Die erste Nacht verbrachte ich in einem Gasthaus in Darmstadt. Ich kroch spät nachts in mein Bett, aber ich konnte nicht schlafen. Eine schreckliche Angst überfiel meine Seele. »Was tue ich denn? Mein Geld ist schon zur Hälfte verbraucht. Ich werde die Reise nie schaffen. Niemand weiß, wo ich bin.«

Plötzlich stand eine große, schöne Gestalt im Mondlicht neben meinem Bett. »Fürchte dich nicht, ich bin bei dir«, sagte eine Stimme, die mich mit Frieden erfüllte. Dann verschwand die Gestalt. Ich wußte, es war ein Engel des Herrn.

Der Rest meiner Reise in die Vereinigten Staaten war voller Glaube, Freude und Wunder. Diese Reise war für mich eine grundlegende Erfahrung, wie Gott uns seine Treue erweist; aber das ist eine andere Geschichte.

Ich habe die Lehre über Engel zusammengefaßt. Wir wollen uns kurz damit beschäftigen. Die angeführten Schriftstellen laden zu einer eingehenderen Auseinandersetzung mit diesem Thema ein. Bei der Lektüre und beim Nachdenken über die tieferen Bedeutungen solltest du dir Zeit nehmen, die Erkenntnisse auf dich einwirken zu lassen. Du befindest dich auch jetzt beim Lesen in der Gegenwart von Engeln.

1) Es gibt Millionen von Engeln (Offenbarung 5,11).
2) Sie sind unsterbliche Geister, von Gott geschaffen, um seine Interessen zu vertreten und zu schützen (Psalm 148,5).
3) Engel wurden einige Zeit vor Erschaffung der Menschen geschaffen (Hiob 38,7).
4) Engel können menschliche Gestalt annehmen, wie wir in der Geschichte von Lot und Sodom lesen (1. Mose 19; Apostelgeschichte 10,30).
5) Gelegentlich offenbart sich ein Engel in seiner ganzen himmlischen Herrlichkeit (Daniel 10,6; Matthäus 28,3).
6) Man sieht in ihnen männliche Wesen, aber sie heiraten nicht und vermehren sich nicht. Sie sind eher ein Heer als ein Geschlecht (Matthäus 22,30; Lukas 20,34-36).
7) Verschiedene Kategorien von Engeln repräsentieren verschiedene Funktionen und Autoritätsebenen: Throne, Gewalten, Seraphim, Cherubim, Erzengel und Schutzengel (Kolosser 1,16; Judas 9).
8) Engel beten vor dem Thron Gottes an und dienen ihm im Gehorsam (Psalm 148,2; Hebräer 1,6).

9) Jedem Kind wird bei der Geburt ein Schutzengel zugeteilt, der dieser Person das ganze Leben hindurch dient (es sei denn dieser Mensch verhärtet sein Herz gegen Gott und entscheidet sich, Böses zu tun) (Matthäus 18,10).
10) Jedesmal, wenn ein Sünder Buße tut und zu Gott kommt, feiern Engel vor dem Thron Gottes (Lukas 15,10).
11) Beim Tod begleiten Engel die Seele eines Christen ins Paradies (Lukas 16,22).
12) Engel schreiben die guten und die bösen Taten unseres Lebens in ein Buch, das beim Jüngsten Gericht geöffnet werden wird (Maleachi 3,16; Offenbarung 20,12).
13) Engel sind damit beauftragt, das göttliche Gericht über Menschen, Städte und Nationen auszuüben (Prediger 5,6; Hesekiel 9,1-6; Psalm 35,4-6; 2. Könige 19,35; Apostelgeschichte 12,23).
14) Engel werden von Gott gebraucht, Menschen eine Botschaft zu überbringen (Sacharja 1,9 und 13-14, 19).
15) Begegnungen mit Engeln sind gewöhnlich kurz und formell; sie sollen dazu dienen, unsere Beziehung mit Jesus zu fördern und und uns nicht von ihm abzulenken (Offenbarung 22,8.9).
16) Die Bibel warnt Menschen davor, Engel anzubeten (Kolosser 2,18; Offenbarung 19,10).
17) Engel haben jetzt eine höhere Position als Menschen, aber sie werden schließlich unter den erlösten Menschen der Braut Christi dienen. Die Braut Christi steht dann neben Gott und nimmt in der gesamten Schöpfung den obersten Platz ein (Offenbarung 21,9-14; 2. Timotheus 2,12).
18) Die Erlösten werden eines Tages Engel richten (1. Korinther 6,3).
19) Engel und Christen sind Verbündete in der Auseinandersetzung die darauf abzielt, Satan aus seiner Position in der Erdatmosphäre zu vertreiben. Anhaltendes Fürbittegebet bewirkt, daß mächtigere Engel Satan bei seinem Wirken behindern (Hebräer 1,4; Daniel 10:12.13).

20) Das Wirken der Engel unterscheidet sich von dem des Heiligen Geistes. Engel kümmern sich um materielle Belange, während der Heilige Geist Gottes Gedanken offenbart. Jesus wurde vom Heiligen Geist geleitet, vom Heiligen Geist gelehrt und mit dem Heiligen Geist erfüllt, aber er wurde von Engeln geschützt und ernährt (Matthäus 4,11).

21) Einigen Engeln sind bestimmte irdische Gebiete zugeteilt. Die Bibel sagt, daß Israel und seine Städte unter dem Schutz von Engeln stehen. In Daniel 12,1 wird Michael als der Fürst über Israel bezeichnet. Der Prophet Hesekiel hörte, wie Gott folgende Worte zu den Engeln sagte: »Kommet herbei, Wachen der Stadt!«(Hesekiel 9,1; Jerusalemer Bibel).

Da Israel als Vorläufer dazu dient, Gottes Wahrheit der ganzen Erde zu demonstrieren, folgt daraus, daß allen Völkern, Städten und Subkulturen Schutzengel zugeteilt sind. Der Ruf nach Mazedonien, der in Apostelgeschichte 16,9 an Paulus erging, wurde offenbar durch einen Engel übermittelt, der in diesem Gebiet wirkte. In Apostelgeschichte 10,30 hatte Petrus ein ähnliches Erlebnis mit einem Engel.

Kapitel 16

Territoriale Mächte

»Denn in ihm ist alles in den Himmeln und auf der Erde geschaffen worden, das Sichtbare und das Unsichtbare, es seien Throne oder Herrschaften oderGewalten oder Mächte: alles ist durch ihn und für ihn geschaffen.« Kolosser 1,16

Beim Sündenfall des Menschen wurde Satan der »Gott dieser Weltzeit« (2. Korinther 4,4; Hoffnung für alle, Das neue Testament, Brunnen Verlag). Seit der Geburt der Gemeinde am Pfingsttag schwillt die satanische Macht an bestimmten Orten an und ab. Satan ist wie ein Hausbesetzer, den der rechtmäßige Besitzer eines Hauses zur Räumung zwingen muß.

Es ist in der Menschheitsgeschichte leicht zu sehen, wie der Feind wie eine Flut hereinbricht und der Herr ein Feldzeichen gegen ihn aufrichtet. Global gesehen, begegnet Satan jeder Generation als Geist des Antichristen oder der Weltherrschaft. Dieser Geist steht hinter denen, die danach streben, über die Welt zu herrschen, wie etwa Napoleon oder Hitler. Sie versuchen, sich der Position zu bemächtigen, die nur Gott zusteht. »Des Herrn ist die Erde und ihre Fülle, die Welt und die darauf wohnen« (Psalm 24,1). Eine betende Gemeinde sollte diesem Geist mutig entgegentreten, lange bevor es zu einem Weltkrieg kommt.

Wo Brutalität hervorbricht, dringt geistliche Gewalt in den materiellen Bereich ein. Der Geist der Weltherrschaft kann nur hervortreten, wenn die Heiligen ihre Wachsamkeit verloren haben oder wenn die internationale Kirche sich aufgrund einer Streitfrage tief gespalten hat. In Nahum 2,2 heißt es: »Der Zerstreuer zieht gegen dich herauf. Bewache die Festung, spähe aus auf den Weg, stärke deine Lenden, nimm all deine Kraft zusammen!«

Durch die ganze Geschichte hindurch kann man den Verlauf von Kämpfen um Staaten, Provinzen, Städte und Gebiete verfolgen. Hier ein Beispiel aus meiner Erfahrung.

Vor einigen Jahren blätterte ich in einer Bibelschule in New Jersey ein paar Bücher über die Missionsgeschichte Afrikas durch. Ich begann, die Geschichte Ugandas nachzulesen. Viele der ersten Missionare starben an tropischen Krankheiten, aber andere folgten ihnen mit heldenhaftem Mut, bis eine starke Nationalkirche entstanden war.

Meine Aufmerksamkeit richtete sich besonders auf einen Bericht über einen Stammeshäuptling, der über Uganda herrschte. Er war stolz, moralisch verdorben und äußerst grausam. Auffallend Ähnliches las ich in Zeitungsberichten über den Diktator, der damals in Uganda regierte. Idi Amin und sein Todesregime schienen mit seinem Vorgänger in allen Einzelheiten übereinzustimmen.

Seither habe ich mich mit der Geschichte Ugandas eingehender befaßt. Der Kreislauf von Blutbad und Erweckung, Erweckung und Blutbad, ist Beweis für die Ebbe und Flut eines Kampfes. Denn die Nationalkirche tritt der bösen Macht, die über die Nation herrscht, mutig entgegen.

Südafrika liefert ein weiteres Beispiel. Apartheid ist nicht nur eine politische Erscheinung, sondern auch eine geistliche Macht. Stammesgefühl und Rassentrennung sind tief in der afrikanischen Geschichte verwurzelt. Apartheid hat ihre Wurzeln im Götzendienst. Wenn eine gute Sache wie das Familienerbe zum Götzen gemacht wird, führt dies zu Ungerechtigkeit.

Ein geistlicher Sieg muß diese uralte Unterdrückung überwinden.

Wie zerschlagen wir die geistliche Macht, die hinter der Apartheid steht? Das Aufgeben von Rechten und demütiges Dienen sind der Schlüssel. Wir können dem Teufel den ganzen Tag lang gebieten und immer noch machtlos sein, wenn wir Glaube und Gehorsam nicht strategisch einsetzen.

Ich predigte einmal bei einer großen Veranstaltung im Durban Convention Center in Natal (Südafrika) bei der Menschen verschiedener Rassen anwesend waren. Ich sprach über die Sünde ungerechten Urteilens und schloß meine Botschaft, indem ich die Menschen zur Buße über Rassenvorurteile aufrief. Das Gehörte wurde später an diesem Tag in die Praxis umgesetzt, indem jeder der Anwesenden die Füße eines anderen wusch, der einer anderen Rasse angehörte. Afrikaner, Zulus, Inder, Engländer und Angehörige gemischter Rassen umarmten sich weinend, als sich ein Geist der Versöhnung im Konferenzsaal ausbreitete.

Dies mag als ein kleiner Sieg erscheinen, aber wir müssen daran denken, daß positive politische Umwandlungen nur dann geschehen, wenn in der unsichtbaren Welt Gebiete eingenommen werden. Gottes Verheißung lautet: »Wenn...mein Volk, über dem mein Name ausgerufen ist, sich demütigt, und sie beten und suchen mein Angesicht und kehren um von ihren bösen Wegen, dann werde ich vom Himmel her hören und ihre Sünden vergeben und ihr Land heilen« (2. Chronik 7,14).

Ich bin in den letzten achtzehn Jahren durch meine Arbeit als Missionar, Evangelist und Lehrer bei Jugend mit einer Mission weit gereist. Ich habe den Einfluß territorialer Mächte während meines Dienstes in über dreißig Ländern selbst erlebt.

Wenn ich an einem neuen Ort ankomme, kann ich die unsichtbare Welt oft am deutlichsten erkennen, weil ich den Kontrast zwischen der geistlichen Atmosphäre der alten und neuen Umgebung spüre.

Ich reiste beispielsweise kürzlich von Belo Horizonte in Brasilien nach Manaus in Brasilien, um dort Versammlungen abzuhalten. Belo Horizonte ist ein große Stadt im Süden Brasiliens mit vielen lebendigen und wachsenden Gemeinden. Unter den Pastoren in der Stadt besteht eine bemerkenswerte Einheit. Belo ist ein »Antiochien«, eine Stadt mit der Gabe, Menschen auszusenden. Anläßlich jener Reise hatte ich auf einer großen Konferenz gesprochen, bei der tatsächlich achtzehn brasilianische Missionare nach Afrika ausgesandt wurden.

In Belo kann man den Sieg in der Himmelswelt spüren. Wie alle brasilianischen Städte ist sie jung, unerfahren und voller dringlicher Probleme, aber die Gemeinde ist lebendig, und es passieren täglich positive Veränderungen.

Manaus ist eine große Stadt am Amazonenstrom im Dschungel. Kurz nach unserer Ankunft besuchten wir einen Stützpunkt von Jugend mit einer Mission am Ufer des Flusses. Es war heiß, und ich ging schwimmen. Danach legte ich mich in die Sonne und genoß die Schönheit des Tropenwaldes. An jenem Abend sollte ich bei einem Gottesdienst in der Innenstadt sprechen und ich wurde still vor dem Herrn, um mich darauf vorzubereiten. Ich bat den Herrn gezielt um Unterscheidungsvermögen hinsichtlich des »Starken« oder der territorialen Macht über den Amazonas und Manaus.

Meine Sinne sagten mir, ich sei an einem ruhigen, schönen Ort, aber der Geist Gottes zeigte mir, daß Manaus von einem beherrschenden, streitsüchtigen Geist bedrückt wurde. Ich predigte an jenem Abend, wie man »die Tore der Stadt« erkennt. Der Herr gab mir ein Wort der Erkenntnis: In dieser Stadt wirkten Geister der Angst vor Autorität, des Mißtrauens, des Bündnisbruchs, der Sinnlichkeit, der Zauberei, der Habgier, der Verzweiflung, des Stolzes auf eine bestimmte Gegend, der Prahlerei und der religiösen Tradition.

Ich sprach zu den Christen über die Versuchungen, denen sie widerstehen müssen: die Versuchung, sich zu zerstreuen, sich zurückzuziehen und zu isolieren, hinsichtlich der Zukunft den Mut zu verlieren, Autoritätspersonen zu kritisieren, oder höfliche, aber oberflächliche Beziehungen zu entwickeln. An jenem Abend schütteten zwei Missionare ihr Herz aus, und es kam eine Geschichte persönlicher Prüfungen zum Vorschein, die genau dem entsprach, was der Heilige Geist mir offenbart hatte.

Dieses Prinzip läßt sich in der technologischen Kultur Nordamerikas genauso gut anwenden.

Im Sommer 1982 begleitete ich den christlichen Sänger Keith Green auf seiner letzten Konzerttour durch Amerika. (Er kam bei einem Flugzeugabsturz im selben Sommer ums Leben.) Wir waren die besten Freunde und hatten Freude daran, voneinander zu lernen.

Das erste Konzert war in Houston (Texas). Vor dem Konzert hatten wir eine Diskussion über geistliche Kampfführung und beteten dann intensiv. Keith war über die Ergebnisse erstaunt.

Eine deutlich größere Anzahl von Menschen kam nach vorne, als der Aufruf zur Lebensübergabe erging.

Am nächsten Abend verbrachten wir eine lange Zeit mit geistlicher Kampfführung, bevor wir zum Veranstaltungsort fuhren. Diesmal war es Memphis (Tennessee). Während wir beteten, erkannten wir, daß Mächte der Religiosität und Gleichgültigkeit in dieser Stadt wirkten. Wir verwandelten das Konzert in einen gewaltigen Anbetungsgottesdienst. Dann schaltete Keith alle Lichter an und predigte Hingabe an Gott und über Buße für tote Werke. Wiederum kamen beim Aufruf zur Lebensübergabe erstaunlich viele Menschen nach vorne.

Das nächste Konzert war in St. Louis. Erneut baten wir Gott um eine bestimmte Strategie. An jenem Abend liefen 631 junge Menschen nach vorne, um ihr Leben mit Gott in Ordnung zu bringen. Der Schlüssel lag darin, die Tore der Stadt zu erkennen, den Starken zu binden und dann seinen Besitz zu rauben (siehe Matthäus 12,29).

In der ganzen Welt finden betende Christen eine gemeinsame Strategie, um für einzelne Städte zu kämpfen. Die Gebetskämpfer von London glauben beispielsweise, daß sie es mit der geistlichen Macht des unredlichen Handels zu tun haben, welche über Hunderte von Jahren durch diese berühmte Stadt die ganze Welt beeinflußt hat.

Die Bibel identifiziert eine böse Macht gewöhnlich durch das Gebiet, in dem sie herrscht oder durch ihre wichtigste Eigenschaft. Sie spricht z.B. vom »Fürst des Königreichs Persien« (Daniel 10,13), oder wir lesen »Und der Tod und der Hades wurden in den Feuersee geworfen« (Offenbarung 20,14).

Wir verbinden New York mit dem Mammon, Chicago mit Gewalt, Miami mit politischen Intrigen. Es ist nicht notwendig, den genauen Namen des betreffenden Dämonen herauszufinden, aber es ist wichtig, sich des bestimmten Wesens oder der Art von Unterdrückung bewußt zu sein.

Ich möchte gleichzeitig eine starke Warnung aussprechen. Die Bibel ist ein sorgfältig zusammengestelltes Buch, das die Prioritäten Gottes für den Gläubigen widerspiegelt und uns das Wesen und den Charakter von Gott-Vater durch Jesus offenbart. Obwohl es viele Schriftstellen gibt, die sich mit dem Teufel und seinen Anschlägen befassen, sind es doch zahlenmäßig wenige, verglichen mit den Stellen, die Gottes eigenem Charakter und seiner Wesensart gewidmet sind. Selbst für gute Engel interessiert sich der reife Gläubige nur am Rande, denn er ist völlig eingenommen von der Majestät des lebendigen Gottes und seines Sohnes Jesus.

In der Bibel wird sehr wenig über bestimmte territoriale geistliche Mächte offenbart, und dies ist kein Zufall. Daniel erwähnt den Fürst von Persien und den Fürst von Griechenland, und es gibt neutestamentliche Hinweise wie etwa Paulus' Kampf »mit wilden Tieren zu Ephesus« (1. Korinther 15,32). Dies sollte jedoch nicht als Anordnung aufgefaßt werden, geistliche Landkarten zu entwickeln, auf denen wir nach Erkenntnis um der Erkenntnis willen suchen. Gott wird uns offenbaren, was wir wissen müssen, wenn wir es wissen müssen.

Es bestand schon immer die Gefahr, satanisches Wirken entweder völlig zu leugnen oder aber sich zu sehr darauf zu konzentrieren. Wenn wir Erkenntnis über den Namen und das Wesen einer bösen Macht bekommen und diese öffentlich verbreiten, wird der Feind nur versuchen, sich selbst öffentlich zu verherrlichen oder unreifen Christen Angst einzuflößen. Josua warnte die Israeliten vor dieser Versuchung. »Den Namen ihrer Götter sollt ihr nicht nennen!« (Josua 23,7).

Die übermäßige Beschäftigung mit dem Unheimlichen ist eine fleischliche Lust, die uns dazu treiben kann, nach verborgener Erkenntnis über die Welt des Bösen zu suchen. Die Bibel sagt in Römer 16,19: »Ich will aber, daß ihr weise seid zum Guten, doch einfältig zum Bösen.« Es ist richtig, Gott offenbart seinen engen Freunden verborgene Geheimnisse. »Der Herr zieht ins Vertrauen, die ihn fürchten« (Psalm 25,14). Aber das Vorrecht, Gott selbst zu kennen, sollte im Mittelpunkt unseres Verlangens stehen.

Territoriale Mächte sind nicht verantwortlich für die kulturellen und geographischen Grenzen innerhalb der menschlichen Familie. Gott selbst erhebt den Anspruch darauf, der Urheber menschlicher Vielfalt zu sein.

> »Und er hat aus Einem jede Nation der Menschen gemacht, daß sie auf dem ganzen Erdboden wohnen, indem er festgesetzte Zeiten und die Grenzen ihrer Wohnung bestimmt hat, daß sie Gott suchen, ob sie ihn wohl tastend fühlen und finden möchten, obgleich er nicht fern ist von jedem von uns.« (Apostelgeschichte 17,26.27)

Aus biblischer Sicht stammt die Mannigfaltigkeit der menschlichen Kultur als erstes von den einzigartigen Charakterzügen individueller Menschen und Familien. So zeigen die drei Söhne Noahs oder die Söhne Jakobs unterschiedliche Wesenszüge. Sie wurden damit Stammväter verschiedener Rassen bzw. Stämme. Dies ist eine direkte Folge davon, daß Gott bei der Bildung jedes einzelnen Kindes im Mutterleib beteiligt ist. »Ehe ich dich im Mutterschoß bildete, habe ich dich erkannt« (Jeremia 1,5).

Der zweite Hauptgrund für die kulturelle Trennung der Menschen stammt von Gottes direktem Handeln. »Darum gab man ihr den Namen Babel; denn dort verwirrte der Herr die Sprache der ganzen Erde, und von dort zerstreute sie der Herr über die ganze Erde« (1. Mose 11,9).

Die modernen Sprachen müssen sich aus der antiken Sprachteilung entwickelt haben. Diese fand statt, als Gott am Turm zu Babel eine Vielfalt von Sprachen direkt schuf. Die Menschen haben diese Grundsprachen nicht entwickelt oder gelernt. Sie begannen ganz einfach, sie zu sprechen, als Gott ihnen neue Wörter in den Mund legte.

Die Sprache ist der Grundstein der kulturellen Trennung. Es ist von daher ein kleines Wunder, daß missionarisch tätige Anthropologen wie Don Richardson sprachliche Analogien für »Erlösung« nachweisen konnten, die selbst bei den Völkern des Steinzeitalters von Irian Jaya latent vorhanden sind. In seinem Buch *Eternity in Their Hearts* berichtet Richardson, wie Gott Kulturvölker in jedem Winkel der Erde darauf vorbereitet hat, das Evangelium zu empfangen.

Obgleich Gott der Schöpfer der menschlichen Persönlichkeit und damit auch der Kulturen ist, hat Satan eine Hierarchie von Gewalten, Mächten und Fürsten der Dunkelheit bestimmten Gebieten auf der Erde zugeteilt. Auf diese Weise hat Satan die Kultur jedes Volkes auf Erden mit einigen seiner eigenen Merkmale gekennzeichnet.

Alte Völker waren sich der territorialen Mächte tief bewußt. Sie erhielten von ihnen ihre Identität und lebten in ständiger Angst vor ihnen. Ich glaube, daß die meisten der »alten« Götter von der heutigen weltlichen Gesellschaft noch immer in anderer Gestalt verehrt werden. Wir lehren unsere Kinder in der Schule griechische Mythologie, aber wir unterweisen sie eigentlich in den Lehren einer Religion, die für die alten Griechen Leben und Tod bedeutete. Die Götter auf dem Olymp waren nicht einfach literarische Figuren, sondern mächtige Dämonen, die den Verstand der Menschen durch starke Verblendung gefangenhielten.

Die Kulturen des Westens basieren auf einer griechisch-römischen Basis. Die grundlegenden Überzeugungen dieser alten Kulturen stehen immer noch im Mittelpunkt der allgemeinverbreiteten kommerziellen Kultur Amerikas und Westeuropas. Ich will damit nicht sagen, daß wir die alten Götter bewußt beim Namen nennen und uns vor ihnen verbeugen. Wir pflegen vielmehr einen Lebensstil, der in alten religiösen Bräuchen verwurzelt ist. Wenn wir uns mit den Vorstellungen der alten Griechen in bezug auf Erfolg, Schönheit oder persönliche Identität eingehender befassen, entdekken wir eine Reihe von Anschauungen, die in den gängigen Filmen propagiert werden.

Es ist leicht, dämonische Erscheinungen in animistischen Religionen Afrikas oder im finsteren Fanatismus des wiederauflebenden Islams zu sehen. Fallen uns aber die geistlichen Wurzeln der modernen städtischen Kultur des Westens auf? Das jüdisch-christliche Erbe hat das gesellschaftliche Leben und die Gesetze des Westens stark beeinflußt, aber die Mehrheit der westlichen Völker marschiert immer noch nach dem Rhythmus uralter Trommeln fleischlichen Verlangens. Man träumt von einem Lebensstil, dem die Offenbarung des einen wahren Gottes fehlt.

In letzter Zeit zeigen die alten Götter ihre Gesichter wieder, besonders im Unterhaltungsangebot für Kinder. In den Spielzeuggeschäften tauchen sie in Komikheften und Gesellschaftsspielen wie »Dungeons and Dragons« auf. Alte kultische Gottheiten erscheinen neben erdachten Figuren in Spielen und Geschichten. Ähnliches ist in der Rockkultur für Teenager und in den Zeichentrickfilmen im Fernsehen am Samstagmorgen zu finden.

In manchen Teilen der Welt hat sich dies schon über die Phantasie hinaus entwickelt. Menschen verehren wieder öffentlich die alten territorialen geistlichen Mächte. So werden beispielsweise in Skandinavien Thor und Odin verehrt und in Großbritannien tauchen die Druiden auf. Wenn wir diese Zeichen satanischen Einflusses sehen, sollten wir betroffen,aber nicht entmutigt sein. Die Angst ist ein Werkzeug des Teufels und hat im Herzen des Gläubigen keinen Platz. Gott hat Pläne für deine Stadt, und er ist der Allmächtige, für den es außer unserem mangelnden Gehorsam kein Hinternis gibt.

In Daniel 7,14 lesen wir von Jesus endgültigem Sieg über alle Kulturen der Erde:

> »Und ihm wurde Herrschaft und Ehre und Königtum gegeben, und alle Völker, Nationen und Sprachen dienten ihm. Seine Herrschaft ist eine ewige Herrschaft, die nicht vergeht, und sein Königtum so, daß es nicht zerstört wird.«

Wir sollen mit Lobpreis auf unseren Lippen ins Gebet gehen, nicht mit Klagen über die scheinbare Macht des Feindes. Es lohnt sich, folgende phantastische Schriftstelle sorgfältig zu lesen:

»...damit jetzt den Gewalten und Mächten in der Himmelswelt durch die Gemeinde die mannigfaltige Weisheit Gottes kundgetan werde« (Epheser 3,10). Wir sollen verkündigen, daß der scheinbare Sieg Satans am Kreuz in Wirklichkeit eine Niederlage für ihn und seine herrschenden Mächte war. Das Evangelium ist eine schlechte Nachricht für die Dämonen und eine gute Nachricht für die Menschen. Durch das Kreuz wurde Satan die Macht der Anklage entrissen. Das Kreuz war der Fehler Satans, der ihn am meisten gedemütigt hat.

Es gibt keinen Grund, warum wir, die Gemeinde, der Herrschaft territorialer Mächte auch nur einen Quadratzentimeter der Erde überlassen sollten. Dieser Planet gehört uns. »Die Himmel sind die Himmel des Herrn, die Erde aber hat er den Menschenkindern gegeben« (Psalm 115,16).

Durch Jesus haben wir unser Amt als Verwalter über die Erde wiedergewonnen.

> »Siehe, ich gebe euch die Macht, auf Schlangen und Skorpione zu treten, und über die ganze Kraft des Feindes, und nichts soll euch irgendwie schaden. Doch darüber freut euch nicht, daß euch die Geister untertan sind; freut euch aber, daß eure Namen in den Himmeln angeschrieben sind.«
> (Lukas 10,19.20)

Teil V

Wir ziehen in den Kampf: Fünf Schritte, die zum Sieg führen

»Sei stark und mutig! Erschrick nicht und fürchte dich nicht! Denn mit dir ist der Herr, dein Gott, wo immer du gehst.« Josua 1,9

Kapitel 17

Am Anfang steht Anbetung

»Kommt, laßt uns anbeten und uns neigen, laßt uns niederknien vor dem Herrn, der uns gemacht hat!«
Psalm 95,6

Die Bollwerke, die die Menschen in unseren Städten gefangenhalten, sind mächtig, aber nicht unbesiegbar. Sie haben Schwachstellen, und wenn wir weise vorgehen, können wir sie niederreißen. In diesem Teil wird in fünf Schritten dargelegt, wie wir die Bollwerke unserer Stadt vernichten können. Es sind dies: Anbetung, Warten auf Gott, Identifizierung mit der Sünde der Stadt, das Überwinden des Bösen durch das Gute und Durchhalten bis zur Geburt.

Alles beginnt mit Anbetung. Alles, was aus Gott geboren ist, durchläuft einen ganz natürlichen Prozeß: Anbetung, Empfängnis, Schwangerschaft, Geburtswehen und Geburt. Deshalb müssen wir immer mit der Anbetung beginnen. Während der Danksagung und des Lobpreises entwickelt Gott in uns seine Gedanken und seine Liebe für unsere Stadt.

Zur Zeit des Königs Joschafat, als Judas Feinde nicht durch direktes militärisches Eingreifen sondern durch Lobgesang besiegt wurden, veranschaulichte Gott, welche Bedeutung dem Lobpreis in der geistlichen Kampfführung zukommt.

> »Und er beriet sich mit dem Volk und stellte Sänger für den Herrn auf, die Loblieder sangen in heiligem Schmuck, indem sie vor den zum Kampf Gerüsteten auszogen und sprachen: Preist den Herrn, denn seine Gnade währt ewig! Und zur Zeit, da sie mit Jubel und Lobpreis anfingen, legte der Herr einen Hinterhalt gegen die Söhne Ammon, Moab und die vom Gebirge Seir, die gegen Juda gekommen waren; und sie wurden geschlagen.« (2. Chronik 20,21.22)

Das neutestamentliche griechische Wort für Anbetung heisst *proskunes* und bedeutet auf deutsch »Küssen in Richtung auf«. Eine tiefe emotionale Antwort auf Gott liegt in diesem Wort. Unser Lobpreis, der zum Ausdruck bringt, was wir in unseren Herzen fühlen, ist in der Dankbarkeit verwurzelt. Dankbar zu sein bedeutet, sich bewußt zu sein, daß wir einem anderen etwas schulden. Wir sind aufgerufen, uns für diese Einstellung zu entscheiden und sie zum Ausdruck zu bringen: »Sagt allezeit für alles dem Gott und Vater Dank im Namen unseres Herrn Jesus Christus!« (Epheser 5,20).

Das entgegengesetzte Verhalten - Murren und Klagen - ist eine Sünde, die Gott nicht duldet. Diese Einstellung vergiftet die Atmosphäre, beraubt andere ihres Glaubens und bewirkt den Tod und die Niederlage. Als das Volk Israel gegen Mose und Aaron murrte, wurden 14.700 von ihnen von einer Plage befallen und starben (siehe 4. Mose 17,14).

Wir wissen vielleicht, daß es nicht recht ist, Gottes gesalbte Leiterschaft anzugreifen, aber wir denken oft, es sei erlaubt, gegen die Stadt, in der wir leben, zu murren, weil sie ohne Leben und unpersönlich ist. Was lag jedoch dem Klagen des Volkes Israel zugrunde?

Es ging um ihre Umgebung. »Du hast uns keineswegs in ein Land gebracht, das von Milch und Honig überfließt, noch uns Äcker und Weinberge als Erbteil gegeben!« (4. Mose 16,14).

Welche Einstellung hast du zu deiner Stadt? Die meisten Christen lassen ihren gewohnheitsmäßigen Beschwerden über den Verkehr, die Luftverschmutzung und andere geringfügige Belästigungen freien Lauf. Sie erkennen nicht, daß diese Art Reaktion auf ihre Umgebung ihren Geist trübt und die Offenbarung, die Gott schenken möchte, unterdrückt. Nur die Dankbaren empfangen Offenbarung, denn Dankbarkeit ist ein Zeichen von Demut. Murren aber ist ein Zeichen nicht aufgegebener Rechte.

Ich erinnere mich, wie ich Los Angeles 1971 das erste Mal sah - eine endlose Betonlandschaft, die in der Sommerhitze glühte. Meine Seele sehnte sich nach der frischen, reinen Schönheit meiner Heimat Neuseeland. Der Smog brannte mir in den Augen, und die unpersönliche Atmosphäre der Stadt bedrückte meinen Geist. Ich war froh, einige Wochen später nach Europa reisen zu dürfen, aber die dynamische Ausstrahlung der Stadt hatte bereits meine Gedanken gefangengenommen.

Nachdem meine Frau und ich 1974 an der Internationalen Konferenz für Weltevangelisation in Lausanne teilgenommen hatten, verbrachten wir den Sommer jenes Jahres mit christlichem Dienst in Spanien und Marokko. Wir waren schon seit zwei Jahren ständig unterwegs. Wir hatten in verschiedenen Ländern Sommereinsätze organisiert und während des Schuljahres in Kanada und den USA in Schulen gepredigt. Als wir nun über unsere Zukunft nachdachten und Gott um Führung baten, wurde uns klar, daß wir wieder nach Amerika und insbesondere nach Los Angeles zurückgehen sollten. Wir wollten uns an einem Ort niederlassen und andere zu Jüngern machen, aber ich hatte gemischte Gefühle, wenn ich an diese Stadt dachte.

Einerseits war ich begeistert über die dynamische Vielfältigkeit der Stadt und ihren potentiellen Einfluß auf die Weltevangelisation. Aber es machte mir zu schaffen, daß ich berufen wurde, mein Leben an einem Ort zu investieren, wo ich das Leben in der freien Natur nicht genießen konnte. In Neuseeland hatte mir die Jagd, das Angeln und das Bergsteigen viel Freude gemacht. Meine Seele hatte sich an der Schönheit der Natur erfreut. Würde ich in der Stadt etwas finden, das mir ähnliche Freude bereitete?

Ich hatte eine negative Einstellung zur Stadt. Ich beschritt diesen Weg in die Stadt anfangs nur, weil ich Jesus gehorsam sein wollte, aber Gott veränderte bald meine Perspektive.

Als ich mich in der Danksagung übte, begann Gott, mir immer mehr den Segen des städtischen Lebens und auch das Ziel zu offenbaren, das er für meine Stadt vor Augen hatte. Jetzt lebe ich sehr gerne in dieser Stadt. Die Schnellstraßen ermöglichen jederzeit interessante Ausflüge in unbekannte Stadtteile, wo Menschen verschiedener Abstammung wohnen. Es gibt Museen, Ausstellungen, Kinos, Theater, Opern und Restaurants. Die kulturelle Vielfalt ist stimulierend, und es gibt in dieser riesigen Stadt zahllose Gelegenheiten, auf endlosen Entdeckungsreisen neue Dinge kennenzulernen.

Das Schönste an dieser Stadt ist die Gegenwart des Volkes Gottes. Ich betrachte es als ein heiliges Vorrecht, Teil der Gemeinde Gottes in Los Angeles zu sein. Diese Gemeinde hat die Welt mehr als hundert Jahre lang mit christlichen Leitern gesegnet. Ich freue mich von Herzen über die reiche Geschichte der Presbyterian Church in Hollywood wie auch über die neuesten Pfingstgemeinden, die unter Flüchtlingen aus Mittelamerika entstanden sind.

Es wäre für mich ein großes Opfer, wenn ich Los Angeles jetzt verlassen müßte. Es ist meine Stadt geworden. Ich bin nicht nur auf der Durchreise, während ich eigentlich meine Karriere verfolge. Es könnte sein, daß Jesus mich an einen anderen Ort schickt, aber solange Jesus nicht direkt eingreift, bin ich dieser Stadt fest verpflichtet.

Meine Beziehungen dort sind wichtiger als irgendwelche Möglichkeiten zum persönlichen Erfolg. Es ärgert mich, wenn ich sehe, wie Familien ihre örtliche Gemeinde und alle ihre alten Freunde verlassen, nur weil sie eine Gelegenheit sehen, sich finanziell zu verbessern. Der Prophet Jesaja kündigte Gottes Gericht an, weil ähnliche Einstellungen in seiner Generation vorherrschten. »Verödet sind die Straßen, der Wanderer zieht nicht mehr hindurch. Man hat den Bund ungültig gemacht, die Städte verworfen, keinen Menschen geachtet« (Jesaja 33,8).

Bist du ebenso von deiner Stadt begeistert wie ich von meiner?

Oder erduldest du nur die Umgebung, die du eigentlich verachtest? Wenn es dir an Freude fehlt, dann tue Buße über dein Murren und übe dich in der Danksagung. Dankbarkeit wird Lobpreis hervorbringen, und du wirst zu Gott aufschauen und seine ewigen Ziele für dich, deine Familie und die Gemeinde in deiner Stadt erkennen.

Wenn du ablehnend und niedergeschlagen bist, wirst du niemals anderen dienen können. Unser Auftrag besteht in erster Linie darin, den Menschen Hoffnung zu bringen, die so entmutigt sind, daß sie sich nur noch an das flüchtige Vergnügen ihres lasterhaften Lebens klammern. Unsere Botschaft an die moderne Menschheit lautet: »Gott ist nicht böse auf euch! Er hat durch Jesus Christus Sündenvergebung und Heilung ermöglicht! Kommt zurück zum Vater! Es gibt einen Sinn für euer Leben.«

Es ist unmöglich, diese Botschaft zu vermitteln, wenn wir nicht selbst von der Freude des Herrn erfüllt sind. »Und seid nicht bekümmert, denn die Freude am Herrn, sie ist euer Schutz!« (Nehemia 8,10).

Stimme nicht mehr mit Satan, dem Ankläger deiner Stadt, überein, sondern erhebe dein Herz mit Danksagung und proklamiere im Glauben die Wirkung, die das Evangelium auf sie haben wird.

> »Juble, Tochter Zion, jauchze Israel! Freue dich und frohlocke von ganzem Herzen, Tochter Jerusalem!

Der Herr hat deine Strafgerichte weggenommen, deinen Feind weggefegt. Der König Israels, der Herr, ist in deiner Mitte, du wirst kein Unglück mehr sehen.« (Zephanja 3,14.15)

Willst du Erweckung in deiner Stadt sehen? Willst du die Mächte der Finsternis besiegen? Um die Dunkelheit zu vertreiben, müssen wir das Licht anzünden, müssen wir die Gegenwart des Herrn inmitten seines Volkes durch Lobpreis aufrichten (siehe Psalm 22,4).

Es ist eine Sache, Gottes Strategie für die Stadt zu haben, aber es ist eine andere Sache, Gottes Gegenwart inmitten der Menschen offenbart zu sehen, die Gott dienen möchten. Als Salomo den Tempelbau nach dem vorgegebenen Plan vollendet hatte, stand immer noch das allerwichtigste Ereignis aus: Gottes Herrlichkeit mußte im Lobpreis des ganzen Volkes offenbar werden.

»Und es geschah, als die Trompeter und die Sänger wie ein Mann waren, um eine Stimme hören zu lassen, den Herrn zu loben und zu preisen, und als sie die Stimme erhoben mit Trompeten und Zimbeln und Musikinstrumenten beim Lob des Herrn: Denn er ist gütig, denn seine Gnade währt ewig! - da wurde das Haus, das Haus des Herrn, mit einer Wolke erfüllt. Und die Priester konnten wegen der Wolke nicht hinzutreten, um den Dienst zu verrichten. Denn die Herrlichkeit des Herrn erfüllte das Haus Gottes.« (2. Chronik 5,13.14)

Zu Beginn unseres Einsatzes bei den Olympischen Spielen organisierten wir ein riesiges, internationales Lobpreistreffen in einem Stadion. Die Christen aus fast jeder Gemeinde der Stadt versammelten sich zusammen mit Gläubigen aus über dreißig Ländern, so daß schließlich sechzehntausend Menschen die Tribünen besetzten.

Es war kein Konzert. Es war keine Zeit der Wortverkündigung. Es war eine Zeit, dem Herrn zu dienen, den zu preisen, der die einzige Hoffnung für die Menschheit ist. Auf dem Spielfeld standen Menschen, die verschiedene Trachten ihrer Länder trugen und ihre Fahnen schwangen. Ein vollständiges Orchester mit Chor leitete uns im Gesang, und der Höhepunkt des Abends war die Ankunft junger Läufer, die eine brennende Fackel von Plymouth Rock nach Los Angeles getragen hatten, um ein Zeichen zu setzten, daß wir die Vereinigten Staaten für Jesus einnehmen wollen. »Jeder Ort, auf den eure Fußsohle treten wird, wird euch gehören« (5. Mose 11,24).

Wir wurden mit dem Heiligen Geist und mit Freude erfüllt, als wir einen Sieg feierten, der schon gewonnen war. In den darauffolgenden Tagen sahen wir eine noch nie dagewesene Ernte.

Die Menschen in jenem Stadion nahmen nicht an einer einstudierten, oberflächlichen religiösen Show teil. Jeder von ihnen hatte sich in den einsamen Augenblicken persönlicher Prüfungen dazu entschieden, Gott zu preisen. Aber dann konnten sie gemeinsam mit Tausenden von anderen ihre Seele in der Anbetung des Heilandes ausschütten.

An jenem Abend wurde der Feind besiegt. An jenem Abend wurde das Licht angezündet, und die Dunkelheit floh. In jenem Moment wurden all die Gebete der vorangegangenen Monate erhört.

Ein solcher Bericht könnte bei manchen ein Gefühl des Versagens hervorrufen. Vielleicht kämpfst du gegen den Streß des täglichen Lebens an und fragst dich, ob dein Leben jemals von Wert sein, geschweige denn, einer ganzen Stadt zum Segen dienen wird. Sei nicht entmutigt! Beginne, wo du bist! Denke daran, daß geistliche Kampfführung auf einer persönlichen Ebene beginnt und sich stufenweise über verschiedene Ebenen nach Schwierigkeitsgrad und Reichweite weiter fortsetzt! Diese Ebenen sind:

- Persönliches Leben

- Familienleben
- Gemeindeleben
- Gemeinde in der Stadt
- Gemeinde im Land
- Internationale Gemeinde

Alle großartigen Siege der Gemeinde wurden in einem stillen Augenblick des Lobpreisopfers gezeugt, als sich das Herz eines Menschen zum Herrn kehrte und ihn allein um seines Wesens willen anbetete. Danke Gott für ihn selbst! Danke Gott für das Vorrecht, ihn zu kennen, und danke ihm dann für dein Leben und für die Versorgung mit allem, was du brauchst!

Manchmal bin ich von Dankbarkeit über Gottes Barmherzigkeit für mich überwältigt. Ohne seine Barmherzigkeit ginge ich zugrunde. Doch er hat uns noch mehr als seine Errettung geschenkt. Er hat uns eine Gabe geschenkt, mit der wir unserer Generation dienen können.

Je mehr du deinen Blick im Lobpreis erhebst, desto mehr Offenbarung über deine Bestimmung wirst du erfahren. Gott will unseren Lobpreis nicht um des Lobpreises willen. Er liebt dich. Wenn er uns auffordert, Dank zu sagen, sagt er eigentlich: »Schau auf, erkenne mich, und dann wirst du verstehen.«

»Die Furcht des Herrn ist der Weisheit Anfang« (Psalm 111,10).

Kapitel 18

Auf Erkenntnis vom Herrn warten

»Oh daß mein Volk auf mich hörte, Israel in meinen Wegen wandelte! Bald würde ich ihre Feinde beugen, meine Hand wenden gegen ihre Bedränger.«
Psalm 81,14.15

Warte auf Erkenntnis vom Herrn. Verlaß' dich nicht auf begrenzte Vernunft oder menschliche Klugheit. Wir gewinnen geistliche Kämpfe, indem wir der Offenbarung folgen, die uns der Heilige Geist gibt. Wenn wir mit kindlicher Abhängigkeit auf Gott hören, wird er uns zum Sieg führen.

Die Bibel enthält zahlreiche Aufforderungen an uns, auf Gott zu warten. In Psalm 40,2 heißt es: »Beharrlich habe ich auf den Herrn geharrt, und er hat sich zu mir geneigt und mein Schreien gehört.« Wir haben die Verheißung, daß Gott reden wird, wenn wir ihn suchen. In Johannes 10,27 lesen wir: »Meine Schafe hören meine Stimme..., und sie folgen mir.«

Meine Mitarbeiter und ich treffen uns alle sechs Monate drei Tage lang zum Gebet. Wir kommen von fünf verschiedenen Stützpunkten unseres Stadtgebiets zusammen. Nur selten laden wir einen Gastredner ein. Wir wollen eigentlich nur zusammen auf den Herrn warten, und wir spüren deutlich die

Gegenwart Jesu. Wir als Leiter überlassen dem Heiligen Geist die Führung, und es geschehen oft bemerkenswerte Dinge. Kannst du dir vorstellen, wie es ist, wenn zweihundert Leute zusammen auf den Herrn warten? Ich möchte es kurz beschreiben.

Am ersten Tag des Treffens versammelten sich die Leiter früh am Morgen zu einer Gebetszeit in meinem Büro. Der Tag schien wie jeder andere zu sein, aber dieser Tag sollte sich von den anderen unterscheiden.

Sobald wir unsere Köpfe zum Gebet neigten, schien das helle Licht Gottes wie ein Scheinwerfer unsere Herzen zu durchfluten, und der Heilige Geist überführte uns unserer Sünden. Keiner von uns hatte sich durch einen skandalösen Lebenswandel vor Gott schuldig gemacht. Wir sahen uns selbst nur im Lichte Gottes wahrer Heiligkeit.

Kleine Dinge gewannen große Bedeutung. Unsere versteckten Bereiche wurden aufgedeckt. Wir reagierten sofort durch offenes Sündenbekenntnis und Buße, denn wir wollten jegliches Hindernis aus dem Weg räumen.

Als wir am späten Morgen mit unseren Mitarbeitern beteten, kam der gleiche Geist der Buße über uns alle, aber Gott verlangte, daß wir als Leiter uns zuerst durch das Bekennen unserer Fehler demütigten.

Nach dieser Zeit der Buße brach ein spontaner Lobpreis aus, und dann fiel ein Geist der Prophetie auf uns, ähnlich wie in 1. Samuel 19,20.

Alle waren plötzlich voll von Offenbarung - Offenbarung über eine Zeit geistlichen Aufbruchs, der über unsere Stadt kommen sollte. Eindrücke wurden uns geschenkt, in denen der Regen, ein Symbol für Eweckung, immer wieder kehrte. Einige hatten Visionen, während andere Schriftstellen über Brunnen, Flüsse und Fluten empfingen. Wieder andere weissagten über eine bevorstehende Zeit der Ernte.

Darauf folgte eine ernste und ernüchternde Stimmung. Einige bekamen Schriftstellen über die Gottlosigkeit unserer

Stadt und Gottes Gericht. Andere weinten. Wir wußten, daß unsere Stadt das Gericht verdiente. Wir begannen, Gottes Schmerz über Unrecht, Kindsmißbrauch, Sucht, Pornographie und Abtreibung nachzuempfinden. Die Stunden verflogen. Die Hand des Herrn lastete schwer auf uns.

Am späten Nachmittag schlug die Stimmung erneut um. Wir gingen zu geistlicher Kampfführung über. Wir sangen Kampflieder und schrien zu Gott um Barmherzigkeit und Befreiung.

Den Augenblick werde ich niemals vergessen. Wir sangen ein Lied mit dem Text:

> »Biete deine Macht auf, Herr! Zeig deine Kraft, wie du's zuvor getan, o Gott!«

Wir standen da und sangen mit ganzer Kraft, als aus dem klaren Himmel Kaliforniens plötzlich ein lauter Donnerschlag ertönte, der uns in großes Staunen und Schweigen versetzte. Einige von uns wimmerten, andere fielen zu Boden; wir waren alle von einem Gefühl tiefer Ehrfurcht vor der Majestät und Macht des Schöpfers dieser Erde ergriffen, den wir mit Lobpreis anbeteten. »Und als sie gebetet hatten, bewegte sich die Stätte, wo sie versammelt waren: und sie wurden alle mit dem Heiligen Geist erfüllt und redeten das Wort Gottes mit Freimütigkeit« (Apostelgeschichte 4,31).

An diesen Gebetstagen entwickelte sich ein klares Bild von den Mächten und Gewalten, die Los Angeles zu beherrschen suchten. Der Herr deckte die Taktiken des Feindes auf und gab uns Strategien zu dessen Vernichtung. In vereintem Gebet empfingen wir Gottes Vision neuer christlicher Dienste für die Stadt.

Wenn wir auf den Herrn warten und ihm Raum geben zu wirken, wirkt er. Dies war ein wichtiger Faktor in der Azusa Street Erweckung und ist ein Kennzeichen jeder göttlichen Heimsuchung in der Geschichte.

Gott redet. Dies ist eine der wunderbarsten Eigenschaften unseres Gottes. »Wer aus Gott ist, hört die Worte Gottes« (Johannes 8,47). Der Heilige Geist ist in der Gemeinde gegenwärtig und offenbart die Gedanken des Vaters.

Menschen in der Bibel - wie der Apostel Paulus - zeigen bei der Ausführung ihres Dienstes eine bemerkenswerte Abhängigkeit von den spezifischen Anweisungen Gottes. »Und nun siehe, gebunden im Geist, gehe ich nach Jerusalem und weiß nicht, was mir dort begegnen wird, außer daß der Heilige Geist mir von Stadt zu Stadt bezeugt und sagt, daß Fesseln und Drangsale auf mich warten« (Apostelgeschichte 20,22.23).

Jesus ist das größte Vorbild. Er bat den Vater sogar, ihm die Worte zu geben, die er sprechen sollte.

> »Denn ich habe nicht aus mir selbst geredet, sondern derVater, der mich gesandt hat, er hat mir ein Gebot gegeben,was ich sagen und was ich reden soll; und ich weiß, daß sein Gebot ewiges Leben ist. Was ich nun rede, rede ich so,wie mir der Vater gesagt hat.« (Johannes 12,49.50)

Die Bibel warnt uns vor der Sünde der Vermessenheit. Diese ist der Versuch, Gottes Reich ohne Seine spezifische Anweisung zu bauen. Nach einem großartigen Sieg bei Jericho erlebte das Volk Israel eine schmerzliche Niederlage bei Ai, weil sie den Herrn nicht um Rat gefragt hatten; dennoch machten sie diesen Fehler immer wieder.

Wir können leicht der Täuschung unterliegen und glauben, daß wir die geistliche Wahrheit genügend kennen und unsere eigenen Strategien aufstellen können, um Gutes zu tun. Die Initiative zu ergreifen ist eine gute Sache. Sich freiwillig für den Kampf zu melden ist eine gute Sache, aber wir müssen daran denken, daß unser Feind ein meisterhafter Betrüger ist. Wir sind ihm nicht gewachsen, wenn wir nicht von Gottes Geist geleitet werden. »Ich sage aber: Wandelt im Geist« (Galater 5,16).

Kurz nach der Niederlage bei Ai, wurde das Volk Israel von den Gibeonitern völlig getäuscht. Israel war vermessen und schloß ein Bündnis mit einem Feind, weil es seinem eigenen Urteil vertraute. »Da nahmen die Männer von ihrer Wegzehrung. Den Mund des Herrn aber befragten sie nicht« (Josua 9,14).

Unsere geistliche Autorität steht im Verhältnis zu unserer Demut und Abhängigkeit von Gott. Wir beweisen diese Abhängigkeit, indem wir uns vom Herrn den Weg zeigen lassen.

> »Vertraue auf den Herrn mit deinem ganzen Herzen und stütze dich nicht auf deinen Verstand! Auf allen deinen Wegen erkenne nur ihn, dann ebnet er selbst deine Pfade!« (Sprüche 3,5.6)

Wir können große Pläne schmieden und kühne Äußerungen tun, aber Gott allein gewinnt den Sieg. Er segnet nur, was er ins Leben gerufen hat. Ich weiß, was es bedeutet, schrecklichen Mißerfolg zu erleben, weil ich durch übersteigertes Selbstvertrauen und jugendlichen Eifer manchmal in Situationen geraten bin, die weit entfernt von Gottes Plan oder Gottes Zeitpunkt waren.

Das Volk Israel zog einmal ohne Mose und Bundeslade in den Kampf. Was war das Ergebnis?

> »Doch sie waren so vermessen, auf die Höhe des Gebirges hinaufzuziehen; aber die Lade des Bundes des Herrn und Mose wichen nicht aus der Mitte des Lagers. Da kamen die Amalekiter und die Kanaaniter, die auf jenem Gebirge wohnten, herab und schlugen und versprengten sie bis nach Horma.« (4. Mose 14,44.45)

Suchst du Gott nur, wenn du in einer Krise oder vor einer wichtigen Entscheidung stehst? Damit mißbrauchst du das Vorrecht, Gott zu kennen. Am besten werden wir mit Gottes

Stimme vertraut, wenn wir für andere beten. Es ist Gott eine Freude, mit dem Fürbitter klar zu sprechen, denn Fürbitte ist eine Handlung, die auf andere gerichtet ist.

Ich wurde auf einer großen Konferenz für Jugendpastoren gebeten, über Gebet zu sprechen. Statt eine lange Rede zu halten, teilte ich die Pastoren in kleine Gebetsgruppen ein und forderte sie auf, auf spezifische Anweisung vom Herrn zu warten. Ich sagte ihnen, sie sollten für die Nationen beten und dabei auf das Reden des Heiligen Geistes hören.

Nach fünfundvierzig Minuten bat ich jede Gruppe, einen kurzen Bericht zu geben. Eine Welle der Begeisterung ging durch den Raum als die erste Gruppe berichtete, daß sie vom Heiligen Geist den Eindruck bekamen, für die Türkei zu beten. Es stellte sich heraus, daß alle Gruppen außer fünf in jenem riesigen Raum für die Türkei gebetet hatten, ohne zu wissen, worauf sich das Gebet der anderen Gruppen konzentrierte. Die Chance war gering, daß dies durch Zufall geschah. Es gibt in der Welt 223 Nationen!

Die Jugendpastoren wußten, daß sie an jenem Tag ein Wunder erlebt hatten. Sie wußten, daß der lebendige Gott tatsächlich persönlich zu ihnen gesprochen und ihnen für den Dienst an den Nationen Weisung gegeben hatte. Gottes Stimme zu hören ist eines der größten Vorrechte, die wir erleben können. Die Tatsache, daß Gott zu uns spricht, ist noch wunderbarer als die spezifischen Dinge, die er sagt. Die Pläne, die er für uns hat, sind viel aufregender als alles, was wir uns ausdenken könnten.

Ich erinnere mich noch, wie der Herr meinen Freunden und mir Weisung gab, eine ganze Stadt zu evangelisieren. Es war eine Stadt in einem Tal von Arizona mit nur vierzehntausend Einwohnern, die vor allem von der Landwirtschaft lebten. Vierzig Prozent der Bewohner waren Mormonen.

Der ganze Plan ging aus dem Gebet hervor; wir wußten eigentlich nicht einmal, daß dieser Ort existierte. Meine Frau und ich waren gerade nach Los Angeles gezogen. Wir wollten die Amerikaner einfach zu persönlicher Evangelisation mobilisieren, aber wir wußten nicht, wo wir anfangen sollten.

Wir trafen uns jeden Tag mit einem kleinen Team und beteten zwei Stunden lang für die Jugend der Vereinigten Staaten. Der Herr zeigte uns, wir sollten während der nächsten Schulferien einen Einsatz planen, aber wir wußten nicht wo.

Eines Tages brachte ein Mitglied unseres Teams einen Brief mit, der allgemein an Jugend mit einer Mission adressiert war. Eine Frau in San Francisco erzählte darin, daß ihre Heimatstadt in Arizona sehr dringend Evangelisation brauche. Wir beteten alle, und der Herr bestätigte, daß dies der Ort war, an den er uns rief. Die Stadt war weit entfernt, aber wir machten uns mit unserem Volkswagenbus auf die Reise, um das Land auszukundschaften.

Wir kamen am nächsten Abend in der Stadt an und baten Gott, uns den »Mann des Friedens« zu zeigen, den er darauf vorbereitet hatte, uns aufzunehmen. Einer von uns bemerkte an einem Kinoeingang eine Anzeige für einen Billy Grahahm Film, und so gingen wir hinein.

Als der Film zu Ende war, stand ein Farmer namens Dale auf und lud zur Lebensübergabe an Jesus Christus ein. Dieser Mann gefiel uns allen sehr gut. Wir gingen auf ihn zu und erzählten ihm, daß wir mit einem Team junger Leute kommen wollten, um eine Evangelisation durchzuführen. Er freute sich sehr darüber und bat uns zu sich auf seine Farm.

An jenem Abend wurde uns ein gutes Abendessen serviert. Danach hörten wir uns den von Gott inspirierten Traum dieses Mannes für seine Stadt an. Er war dabei, eine neue Gemeinde zu gründen, und war von der potentiellen Möglichkeit einer geistlichen Ernte, besonders unter den jungen Leuten überzeugt.

Am Tag darauf besuchte ich die Pastoren der vier anderen Gemeinden der Stadt. Drei waren demütig und offen. Einer war herablassend und mißtrauisch. Er gehörte paradoxerweise der Konfession an, die am meisten für geistliche Lebendigkeit bekannt war. Aber er schien sich mehr dafür zu interessieren, uns das Gebäude zu vermieten, als Seelen zu erretten. Wir fuhren in jener Nacht zurück nach Los Angeles und begannen, für unser Vorhaben zu beten und Mitarbeiter zu gewinnen.

Fünf Wochen später kehrten wir mit über fünzig jungen Leuten nach Arizona zurück. Jeden Vormittag gingen wir von Haus zu Haus und redeten mit den Menschen über Jesus. Jeden Abend hielten wir in einer anderen Gemeinde zusammen mit den übrigen Gemeinden eine evangelistische Veranstaltung ab.

Die Gebetswochen hatten sich wirklich gelohnt. Überall, wo wir hinkamen, fanden wir offene Herzen. In einem der Gebetstreffen in Los Angeles hatte ein Mitglied unseres Teams eine Vision. Sie sah eine harte Asphaltdecke, die mit Stacheldraht eingezäunt war. Der Herr zeigte uns, daß dieses Bild den geistlichen Zustand der Stadt darstellte; wir mußten den harten Boden durch intensives Gebet umpflügen, wenn Menschen den Weg zu Christus finden sollten.

Es war wunderbar, die Ergebnisse dieser Gebete zu sehen. Jede Tür wurde uns geöffnet. Wir sprachen auf dem Golfplatz, auf der Bowlingbahn und in den Geschäften mit Menschen über Jesus. Wir wurden sogar vom Inhaber der örtlichen Radiostation eingeladen, in einer Morgensendung an einer Diskussion teilzunehmen. Er war Atheist und hoffte, seine intellektuelle Überlegenheit beweisen zu können. Es gelang ihm nicht, obwohl wir zwei Tage hintereinander bis zum Mittag diskutierten. Er widersetzte sich dem Evangelium, aber seine Frau begann, Jesus nachzufolgen.

Am Ende der Woche mußten die Teilnehmer dieses Einsatzes von Jugend mit einer Mission wieder zurück zur Schule gehen, aber die Stadt war durch ihr Zeugnis so angerührt worden, daß meine Frau Julie und ich beschlossen, noch eine Woche für weitere Veranstaltungen zu bleiben.

Es war Sonntag nachmittag. Ich war vor Erschöpfung eingeschlafen und erwachte mit einer seltsamen Vorahnung. Der Heilige Geist sagte mir, Julie sei verletzt worden. Ich zog ein paar Bluejeans über meinen Schlafanzug und rannte die Treppe hinunter. Ich fühlte mich vom Heiligen Geist auf die Straße vor dem Bauernhof gezogen. Ich rannte so schnell ich konnte die Straße in nördlicher Richtung entlang. Nach einigen Hundert Metern bot sich mir in der Hitze, die über dem Asphalt flimmerte, ein schrecklicher Anblick. Ein Bauer hatte die Straße mit seinem Lieferwagen blockiert und breitete gerade eine Decke über einen Körper.

»Ist sie tot?« fragte ich mich, als ich auf die Blutlache unter ihrem Kopf starrte.

»Sie ist von einem Pferd gestürzt«, sagte der Bauer.»Sie hat eine schlimme Kopfverletzung, aber ich glaube, sie wird es überleben.«

Die folgenden Stunden bestanden aus einer raschen Folge von Blaulicht, Sirenen und Krankenhausgängen. Man konnt mir keine Hoffnung geben und nichts versprechen. Nach der Operation konnte ich nur warten.

Es war jetzt Sonntag abend. Ich wußte, die Leute würden jetzt beim Gottesdienst sein und für Julie beten. Ich beschloß, auch zur Gemeindeversammlung zu gehen. Ich hatte immer noch mein Schlafanzug und meine Jeans an. Ich wusch mir das Blut von den Armen und fuhr zur Gemeinde.

Als der Pastor mich hinten stehen sah, lud er mich ein, nach vorne zu kommen und zu sprechen. Ich stand barfuß und im Schlafanzug hinter dem Rednerpult und predigte aus der Kraft meines Glaubens und meines Leides über »Jesus, den Geliebten meiner Seele«.

Am nächsten Morgen wurde mein Vater um 4.30 Uhr zu Hause in Kalifornien vom Herrn geweckt. »Bete für Julie; sie braucht Heilung«, sagte der Geist Gottes zu ihm. Genau zu diesem Zeitpunkt, Hunderte von Kilometern entfernt in Arizona, verschwanden bei Julie alle Symptome einer ernsthaften Gehirnerschütterung, und sie fiel in einen friedlichen Schlaf.

Am nächsten Morgen wurde sie aus dem Krankenhaus entlassen. Jegliche Entstellung war verschwunden, nur ein

Verband bedeckte eine Naht auf ihrem Hinterkopf. Der Mormone, dem das örtliche Krankentransportunternehmen gehörte, war so erstaunt, daß er sich weigerte, uns für seine Dienste eine Rechnung auszustellen. »Die Fahrt hat sich schon deshalb gelohnt, weil ich ein echtes Wunder erleben durfte,« sagte er.

An jenem Abend trafen sich alle Christen in der Adventistengemeinde, und der Geist Gottes wurde über uns ausgegossen. Die Gegenwart des Herrn erfüllte den Raum. Menschen bezeugten Zeichen und Wunder, Neubekehrte bekannten ihren Glauben, andere übten in großer Freiheit die Geistesgaben aus, und es brach ein spontaner Lobpreis unter uns aus. Es war, als stünden wir inmitten eines großen Lichts. Alles andere verblaßte, denn wir waren von dem Wunder ergriffen, Jesus zu erkennen.

Um zweiundzwanzig Uhr versuchte ich, die Versammlung zu schließen, aber es kümmerte sich niemand um mich. Ich ging nach Hause um zu schlafen, während die Gruppe weiter bis in die Nacht hinein Gott anbetete.

Die wichtigste Lehre dieses Einsatzes war die Erkenntnis, daß wir Jesus erlauben müssen, die Leitung zu übernehmen, wenn wir den Sieg erleben wollen. Wir waren zu jener Zeit ein Team junger Leute, das sehr wenig Ahnung von Planung und Organisation hatte. Gott aber war fähig, unter uns Wunder zu wirken, weil wir ihm im einfachen, kindlichen Glauben nachfolgten.

Später organisierten wir Einsätze in viel größeren Städten mit Hunderten von Mitarbeitern, aber ich werde niemals jene Stadt in Arizona vergessen - die Stadt wo wir anfingen, Gottes Stimme zu hören, die uns die Gedanken Seines Herzens über die Städte wissen läßt.

Mancher Leser wird sich nun die berechtigte Frage stellen, wie man wisse, daß es Gott sei, der mit einem redet. Wie weiß man, daß man es sich nicht einfach nur einbildet? Ich gebe zu, daß es leicht passieren kann, zu sich selbst im Namen Jesu zu reden; aber die Stimme des guten Hirten hat eine unverkennbare Eigenschaft, die weder von unserer Einbildung noch von Satan, der sich als Engel des Lichts ausgibt, nachgeahmt werden kann.

Der Schlüssel ist, Gott zu suchen, bis man ihn kennt. Er ist sicherlich bereit, Sich finden zu lassen.

> »Ich sprach: Hier bin ich, hier bin ich, zu einer Nation, die meinen Namen nicht anrief. Ich habe den ganzen Tag meine Hände ausgebreitet zu einem widerspenstigen Volk, zu solchen, die auf dem Weg, der nicht gut ist, ihren eigenen Gedanken nachlaufen.« (Jesaja 65,1.2)

Der größte Schutz dagegen, vom Feind getäuscht zu werden, besteht darin, mit der Stimme des Herrn und Meisters vertraut zu werden, indem wir in seiner Gegenwart Zeit verbringen.

> »Und die Schafe hören seine Stimme, und er ruft seine eigenen Schafe mit Namen und führt sie heraus. Wenn er seine eigenen Schafe alle herausgebracht hat, geht er vor ihnen her, und die Schafe folgen ihm, weil sie seine Stimme kennen. Einem Fremden aber werden sie nicht folgen..., weil sie die Stimme der Fremden nicht kennen.« (Johannes 10,3-5)

Wenn dir irgendeine Form der Leitung unter Gottes Volk übertragen worden ist, wirst du bald lernen, daß die Sicherheit der Herde sich nicht auf ihr Vertrauen in deine Erfahrung oder deinen Verstand gründet. Das Volk Israel folgte Josua, weil er ein Mensch war, der sich demütig von Gott den Weg zeigen ließ. »Und das Volk sagte zu Josua: Dem Herrn, unserem Gott, wollen wir dienen, und auf seine Stimme wollen wir hören!« (Josua 24,24).

Es gibt eine grundlegende Strategie für geistliche Kampfführung, die alle anderen Strategien unterstützt: Tue das Nächstliegende, das Gott dir zu tun zeigt.

> »Denn meine Gedanken sind nicht eure Gedanken, und eure Wege sind nicht meine Wege, spricht der Herr. Denn so viel der Himmel höher ist als die Erde, so sind meine Wege höher als eure Wege und meine Gedanken als eure Gedanken«.
> (Jesaja 55,8.9)

Kapitel 19

Sich mit den Sünden der Stadt identifizieren

»Laß doch dein Ohr aufmerksam und deine Augen offen sein, daß du das Gebet deines Knechtes hörst, das ich heute, Tag und Nacht, für die Söhne Israel, deine Knechte, vor dir bete und mit dem ich die Sünden der Söhne Israel bekenne, die wir gegen dich begangen haben! Auch ich und meines Vaters Haus, wir haben gesündigt.« Nehemia 1,6

Neulich besuchte mich ein Geschäftsmann, der meine Lehre auf Kassetten gehört hatte. »Ich verstehe nicht, wie Sie eine solche Hoffnung haben können«, sagte er. »Diese Kultur ist durch und durch verdorben.«

Wie würdest du ihm antworten? Es stimmt, unsere Kultur ist von Gottlosigkeit tief geprägt. Gibt es überhaupt Hoffnung?

Das Evangelium offenbart eine Botschaft des Glaubens, der Hoffnung und der Liebe. Glaube bedeutet, die Erkenntnis von der Fähigkeit und vom Wesen des himmlischen Vaters zu empfangen. Hoffnung ist die Erwartung seiner Güte für mich. Liebe ist die Erfahrung liebevoller Zuneigung, väterlicher Umarmung: Gottes Gnade wird auf mich ausgegossen. Aber die Verheißung des Evangeliums wird nur dann Wirklichkeit, wenn menschliche Herzen sich mit Christus, unserem großen Fürsprecher, der anhaltend für uns betet, identifizieren. Das ist der Grund, warum der Fürbitter weint. Wie Jesus identifiziert er sich sowohl mit Gott als auch mit den Menschen.

Die Menschen der Bibel, die als Fürbitter bekannt wurden, traten alle mit Schuldbewußtsein und Betroffenheit vor Gott. Sie kamen nicht in Gottes Gegenwart, um Sünde zuzudecken, sondern um mit ihm in deren Beurteilung übereinzustimmen. Sie sahen der Gottlosigkeit der Kultur, in der sie lebten, mit völliger Ehrlichkeit ins Auge.

> »Denn sie schreiten fort von Bosheit zu Bosheit, mich aber erkennen sie nicht, spricht der Herr. Hütet euch, ein jeder vor seinem Freund, und setzt auf keinen Bruder Vertrauen! Denn jeder Bruder treibt Hinterlist, und jeder Freund geht als Verleumder umher. Und sie betrügen einer den andern, Wahrheit reden sie nicht. Sie lehren ihre Zunge, Lügen zu reden, sie mühen sich ab, böse zu handeln.« (Jeremia 8,2-4)

Fürbitte ist keine Flucht aus der Wirklichkeit. Unsere Kommunikation mit Gott muß in der Wahrheit verwurzelt sein - in der ewigen Wahrheit seiner heiligen Maßstäbe und der schrecklichen Wahrheit über unsere Gesellschaft, wie Gott sie sieht. Der Fürbitter erlebt durch den Heiligen Geist, der in ihm wohnt, das zerbrochene Herz Gottes. Der Fürbitter identifiziert sich auch mit der Sünde der Menschen, weil er selbst zu Gottes Leid beigetragen hat.

Unser himmlischer Vater ist ein Gott der Geduld und des Mitleids, alle menschlichen Vorstellungen übersteigend. Jeremias Prophetie bringt Gottes qualvollen Schmerz zum Ausdruck.

»Warum haben sie mich gereizt durch ihre geschnitzten Bilder, durch Nichtigkeiten aus der Fremde?... Über dem Zusammenbruch der Tochter meines Volkes bin ich zerbrochen;

ich trauere... O daß mein Haupt Wasser wäre und mein Auge eine Tränenquelle, dann wollte ich Tag und Nacht die Erschlagenen der Tochter meines Volkes beweinen!« (Jeremia 8,19.21.23)

Wir müssen auf Gottes schmerzliches Leid antworten, indem wir uns durch persönliche und gemeinsame Buße mit den Sünden der Stadt identifizieren. Als Nehemia für die Wiederherstellung Jerusalems betete, setzte er sich seiner Stadt gleich. Er bekannte: »Ich und dieses Volk haben gesündigt« (siehe Nehemia 1,6.7).

Esra ging noch weiter und sagte: »Mein Gott, ich schäme mich und scheue mich, mein Gesicht zu dir, mein Gott,zu erheben! Denn unsere Sünden sind uns über den Kopf gewachsen, und unsere Schuld ist groß geworden bis an den Himmel« (Esra 9,6).

Beide waren gerechte Männer. Du bist vielleicht ebenso ein gerechter Mensch und hast mit den Lastern, die in deiner Stadt herrschen, direkt nichts zu tun. Es gibt jedoch keine Versuchung, die den Menschen nicht treffen kann (1. Korinther 10,13). Wir können uns alle mit den Wurzeln jeder beliebigen Sünde identifizieren.

Nehmen wir beispielsweise die Abtreibung, bei der unschuldiges Blut vergossen wird. Vielleicht haben wir noch nie etwas mit einer Abtreibung zu tun gehabt, aber wir haben uns alle der Sünden schuldig gemacht, welche die Ursache einer solchen Handlung sind. Fünf Hauptursachen führen zur Abtreibung: die Lust, der Gefallen an Bequemlichkeit, die Liebe zum Geld, Ablehnung und Unglaube.

- Lust: Sie ist oft das Umfeld unverantwortlicher Zeugung.
- Gefallen an Bequemlichkeit: Die Entscheidung, ein Kind abzutreiben, wird oft einfach deshalb getroffen, weil man eine unbequeme Schwangerschaft vermeiden möchte.

- Liebe zum Geld: Man will kein finanzielles Opfer bringen.
- Ablehnung: Wegen der Angst, von der Gesellschaft oder vom Freund abgelehnt zu werden, erscheint es der Frau als eine Lösung, das Kind in ihrem Leib zu töten.
- Unglaube: Wir berücksichtigen nicht die Existenz eines gerechten Gottes, der eine schwere, aber gerechte Entscheidung mit Sicherheit belohnen wird. Die Stimme des Unglaubens kommt zu der Schlußfolgerung: »Wenn ich dieses Kind habe, wird es mein ganzes Leben ruinieren!«

Wir alle kämpfen mit diesen Versuchungen. Dieses Ringen zeigt beispielhaft, worauf eine ehrliche Identifizierung mit den Sünden unserer Stadt gründet, wenn wir »in den Riß treten« und Gott um Barmherzigkeit bitten. Nehemia und die Familien, die bei ihm waren, versammelten sich vor dem Herrn mit Fasten, in Sacktuch und mit Erde auf ihrem Haupt. Obwohl sie nur ein Rest waren, identifizierten sie sich völlig mit ihrem Volk, ihrer Stadt und deren Geschichte. »Und alle, die israelitischer Abstammung waren, sonderten sich ab von allen Söhnen der Fremde. Und sie traten hin und bekannten ihre Sünden und die Verfehlungen ihrer Väter« (Nehemia 9,2).

Wenn wir Gott bitten, anderen gnädig zu sein, sollten wir nie fragen, wie sie nur so etwas hätten tun können. Wir wissen ganz genau, wie sie es tun konnten, denn in jedem von uns steckt das Potential für die schlimmste Boshaftigkeit. Vielleicht würden wir genau so handeln, wenn wir nicht Gottes errettende Gnade und das Leben Christi in uns hätten.

Gott gibt mir oft ein Gebetsanliegen und schenkt mir Glauben, eine Antwort zu erhalten. Ich bete vielleicht für eines meiner Kinder oder für meine Stadt. Wenn ich mich im Gebet für andere einsetze, daß sie von geistlichen Bindungen freigesetzt werden, beginnt der Herr, mir die Bosheit meines eigenen Herzens zu zeigen.

Es geht hier um Demut und Aufrichtigkeit. Gott kann kein unreines Gefäß für die Fürbitte gebrauchen. »Wenn ich es in meinem Herzen auf Frevel abgesehen hätte, so würde der Herr nicht hören« (Psalm 66,18). Zuerst Reinigung, dann Vollmacht.

»Heiligt euch! Denn morgen wird der Herr in eurer Mitte Wunder tun« (Josua 3,5).

Wir müssen dahin kommen, daß nicht wir Gott vertrauen, sondern Gott uns vertraut. »Erforsche mich, Gott, und erkenne mein Herz; prüfe mich und erkenne, wie ich's meine. Und sieh, ob ich auf bösem Wege bin, und leite mich auf ewigem Wege« (Psalm 139,23.24; rev. Luther Bibel).

Wenn Gott uns geprüft und ein Herz gefunden hat, das ihm völlig hingegeben ist, dann schenkt er uns die Verheißung, daß wir Zugang zu seiner Vollmacht bekommen. »Wenn ihr in mir bleibt und meine Worte in euch bleiben, so werdet ihr bitten, was ihr wollt, und es wird euch geschehen« (Johannes 15,7). Dann wird durch unsere Gebete Vollmacht freigesetzt. »Bekennt nun einander die Vergehungen und betet füreinander, damit ihr geheilt werdet; viel vermag eines Gerechten Gebet in seiner Wirkung« (Jakobus 5,16).

Der Heilige Geist betet durch uns als der göttliche Fürsprecher »in unaussprechlichen Seufzern« (Römer 8,26), aber er kann nur in dem Maße seine Autorität ausüben, wie das menschliche Gefäß ihm hingegeben ist.

Ich kann von mir selbst sagen, daß sich die Siege meines Lebens immer inmitten von Buße und Sündenbekenntnis ereigneten. Während unseres evangelistischen Einsatzes bei den Olympischen Spielen war ich von Reportern und Fernsehkameras der christlichen Medien umgeben. Die christlichen Zeitschriften *Christianity Today* und *Charisma* äußerten sich sehr positiv, und ich wurde oft im christlichen Fernsehen und Radio interviewt.

Überall wurde Anerkennung zum Ausdruck gebracht. Es erschienen Artikel die davon sprachen, daß Gott in der neuen Generation eine Leiterschaft heranbilde und daß dies Hoffnung gebe für die Zukunft. Aber inmitten all dieser Dinge - und es wurde gerade ein großer Sieg errungen - ging ich durch eine tiefe persönliche Krise.

Ich erinnere mich besonders an eine Nacht. Ich stand im Garten hinter meinem Haus. Der schwarze Himmel spiegelte meine Stimmung wider. Ich hatte gegen Groll in meinem Herzen angekämpft. Jetzt konnte ich nicht schlafen, weil mich mein schlechtes Gewissen quälte. »Gott, vergib mir«, betete ich erneut, aber meine eigenen Anstrengungen, Buße zu tun, endeten nur in jämmerlichem Versagen. Ich wußte, was ich spüren sollte. Ich sollte Liebe spüren und Vergebung aussprechen. Aber ich mußte die bittere Wahrheit erkennen: Obwohl ich das richtige Prinzip vollständig erkannte, versagte ich auf einer grundlegenden Ebene meines christlichen Lebens. Ich war von einem Freund verletzt und enttäuscht worden, und ich konnte ihm nicht vergeben.

Ich erkannte plötzlich die schreckliche Wahrheit. John Dawson war nach all den Jahren seines christlichen Lebens kein bißchen besser geworden. Aus dem Grab starrte mich derselbe eingebildete und ichbezogene Mensch an, der vor so vielen Jahren zum Kreuz gegangen war. Es nützt nichts, eine Leiche zu schminken, sie neues Verhalten und einen neuen Wortschatz zu lehren. Niemand weiß, wie böse er oder sie ist, bis dieser Mensch wirklich versucht hat, gerecht zu sein.

»Gott, befreie mich«, betete ich. »Befreie mich von mir selbst.« Ein vertrautes Thema nahm meine Gedanken gefangen: das Kreuz Jesu, sein Leben für mein Leben, Christus, der in uns wohnt. Ich hatte zwar immer geglaubt, daß Jesus in einem Gläubigen lebt. Aber in jener Nacht, als ich völlig verzweifelt war, erkannte ich, wie sehr ich sein Leben brauchte. Ihm allein verdankte ich jeden Sieg in meinem Leben. In jener Nacht ging ich zurück zum Kreuz. Ich erlebte erneut Gottes Reinigung und Vergebung. Die Folgen meiner Sünde waren auf das Lamm gefallen, das geschlachtet worden war. Das Blut wurde erneut an die Türpfosten meines Herzens gesprengt.

Anstatt Gerechtigkeit in mir zu vervollkommnen, stand er, der gerecht ist, in mir auf und begann sein Leben zu leben.

Jesus ist die einzige Person, die das christliche Leben wirklich ausleben kann. In jener Nacht erhielt ich davon ein neues Verständnis und bekannte meine völlige Abhängigkeit von ihm. Wir sind von Natur aus unvollständig. Die Menschen waren dazu bestimmt, Gottes Wohnung zu sein. Gott hat uns als Gefäß für sein eigenes Wesen geschaffen. In gewissem Sinn können wir ohne ihn nicht völlig Mensch sein.

Jesus teilt uns nicht seine Eigenschaften zu, so wie wir sie brauchen. Er gibt uns nicht *ein wenig* Liebe. Er ist die Liebe. Wenn sein Leben in uns freigesetzt ist, dann ist es die Quelle allen Sieges und allen Segens. Er ist alles, was ich nicht bin. Er ist beständig voller Liebe, völlig aufrichtig und schnell im Vergeben. Meine einzige Hoffnung besteht darin, daß ich meine völlige Abhängigkeit von ihm klar erkenne. »Jesus, lebe Dein Leben durch mich«, ist zu meinem täglichen Gebet geworden.

Mein größtes Problem sind nicht Dämonen. Ich bin mein größtes Problem. Nur dann, wenn Gott mein eigenes böses Herz gereinigt hat, wird meine Teilnahme am erlösenden Werk der Fürbitte möglich. Erst dann wird durch mein Gebet die Macht freigesetzt, den Lauf der Geschichte zu verändern.

> »Elia war ein schwacher Mensch wie wir; und er betete ein Gebet, daß es nicht regnen sollte, und es regnete nicht auf Erden drei Jahre und sechs Monate. Und er betete abermals, und der Himmel gab den Regen, und die Erde brachte ihre Frucht.« (Jakobus 5,17.18; rev. Luther Bibel)

Wenn du für deine Stadt »in den Riß trittst«, dann erlaube dem Heiligen Geist, das helle Licht der Wahrheit in die innersten Räume deiner Seele scheinen zu lassen. Entfliehe der religiösen Täuschung, die dich verführen könnte zu glauben, daß du irgendeinem anderen Menschen überlegen bist. Nur durch das Blut des Lammes und die Kraft des Heiligen Geistes sind wir frei von den Ketten der Schuld und der Todesstrafe.

> »Wehe mir, denn ich bin verloren. Denn ein Mann mit unreinen Lippen bin ich, und mitten in einem Volk mit unreinen Lippen wohne ich. Denn meine Augen haben den König, den Herrn der Heerscharen, gesehen« (Jesaja 6,5)

Kapitel 20

Das Böse mit dem Guten überwinden

»Und sie haben ihn überwunden um des Blutes des Lammes und um des Wortes ihres Zeugnisses willen.« Offenbarung 12,11

Werden wir vom Feind versucht, ängstlich und geizig zu sein? Dann können wir durch kühne Großzügigkeit gegen Habgier angehen. Wir können Stolz mit Demut überwinden, Lust mit Reinheit, Angst mit Glauben, Gleichgültigkeit mit Fleiß. Paulus sagte: »Alles vermag ich in dem, der mich kräftigt« (Philipper 4,13). Das Böse mit dem Guten überwinden ist nicht einfach eine geistliche Methode, sondern stellt eine Möglichkeit dar, den bereits errungenen Sieg Jesu in Anspruch zu nehmen.

Das Reich Satans scheint ein Prinzip der Umkehrung anzuwenden. Es reizt ihn, eine größere Macht über Menschen zu gewinnen, indem er sie versucht, das Gegenteil von dem zu tun, was natürlich ist. Homosexuelle Handlungen oder Kinder zu opfern lassen das Gewissen abstumpfen und bringen Menschen durch Verdammnis in Satans Gewalt. In der Wahrheit zu leben bedeutet, eine verdrehte Welt wieder umzukrempeln.

Der Versuchung widerstehen

Wenn wir dem Feind entgegentreten, offenbaren wir durch Glauben den Wesenszug Christi, welcher das Gegenteil der Versuchung ist, die uns widerfährt.

Nehmen wir beispielsweise Jesu Aussage bezüglich eines bestimmten bösen Geistes. »Diese Art aber fährt nicht aus außer durch Gebet und Fasten« (Matthäus 17,21). Die Ermahnung, sich der Nahrung zu enthalten, bedeutet wahrscheinlich, daß es die Jünger mit einem Dämon des Verlangens, der Lust oder Unersättlichkeit zu tun hatten. Die Macht Gottes war blockiert, bis sich die Jünger durch einen bestimmten Gehorsamsschritt in größerem Maße der Herrschaft des Heiligen Geistes auslieferten; ein Schritt, der den entgegengesetzten Geist einschloß, den Geist der Selbstdisziplin.

Das Fasten hat jedoch noch eine größere Bedeutung als ein Mittel, den Feind zu überwinden. Das Fasten ist äußerst schwer und bewirkt, daß wir bei Jesus Hilfe suchen. Wenn unser Körper nach Nahrung schreit, wissen wir, daß wir Gnade brauchen, um weiterzumachen. Die Überwindung unseres Verlangens wird zu einem intensiven persönlichen Kampf. Hunger und Schwachheit demütigen mich. Ich brauche dringend Gnade, um meinen Entschluß, mich der Nahrung zu enthalten, aufrechtzuerhalten. Die Armseligkeit meiner Selbstüberhebung wird aufgedeckt und »die volle Genüge Christi« wird stattdessen offenbar.

Wenn wir das Kreuz für uns in Anspruch nehmen, wird immer Auferstehungskraft freigesetzt. Wir sind mit Christus gekreuzigt, und unser altes Wesen ist vernichtet. Dann wohnt Christi siegreiches Leben in uns. Dies ist das Prinzip des ausgetauschten Lebens: Sein Leben für mein Leben, seine vollkommene Kraft, wenn ich meine Schwäche eingestehe. »Nicht mehr lebe ich, sondern Christus lebt in mir« (Galater 2,20); »denn getrennt von mir könnt ihr nichts tun« (Johannes 15,5).

Gegen Satans Festungen anzugehen bedeutet immer, persönliche Entscheidungen zu treffen, um Versuchungen zu überwinden. Die Versuchung dient dem Zweck, das aufzudekken, was wirklich in unserem Herzen ist. Wenn wir sehen, was in unserem Herzen ist und es ehrlich vor Gott bekennen und darüber Buße tun, wird seine vermehrte Kraft in uns freigesetzt.

Haben wir das Wirken einer geistlichen Gewalt mit einer bestimmten Charaktereigenschaft erkannt, müssen wir die entgegengesetzte Charaktereigenschaft entwickeln, indem wir nicht nur der Versuchung widerstehen, sondern auch positiv handeln.

Positives Handeln

Ich möchte dies mit einem Beispiel aus meinem eigenen Leben illustrieren. Jemand hat einmal gesagt, daß »das Christentum für die Urgemeinde ein Glaube war, die Griechen daraus eine Philosophie gemacht haben und die Amerikaner ein Unternehmen.« Nirgends ist dies deutlicher zu sehen als in Südkalifornien, wo ich lebe. Die vom Mammon beherrschte Kultur entstand während des Goldrausches und hat die Arbeitsweise christlicher Organisationen stark geprägt. Die Bibel sagt, daß das Reich Gottes nicht aus Kaufen und Verkaufen, sondern aus Geben und Empfangen besteht. Gottes Reich wird nicht durch kluge Geschäftsmethoden vorangetrieben, sondern durch Beziehungen, die auf Liebe und Vertrauen gegründet sind.

Ich begann 1985 jeder vertrauenswürdigen Gruppe, die am Bau des Reich Gottes beteiligt war, eine Kopie unserer langen Adressenliste mit vierzigtausend Namen zu geben. Ich tat dies als eine bewußte Handlung geistlicher Kampfführung, weil ich eine der Lügen Satans bekämpfen wollte, die er benützt, die Gemeinde in meiner Stadt zu binden. Er manipuliert uns durch die Angst, daß unsere Bedürfnisse nicht gestillt werden könnten. Adressenlisten sind ein wichtiger Teil des Vermögens christlicher Organisationen. Sie werden gepflegt und gehegt und als Überlebenshilfe hoch eingeschätzt. Ich war stark davon überzeugt, daß ich durch die kostenlose Weitergabe der Liste die Herrschsucht in meinem eigenen Geist überwand. Ich erklärte Satan, daß wir seine Festung über der Stadt in diesem Bereich zerstören und von neidischem Wettbewerb zu liebevoller Zusammenarbeit überwechseln würden.

Als ich im Gefängnis von Juarez meine Angst mit Glauben überwand, erlebte ich auf dramatische Weise, wie mein Gehorsam Gott gegenüber das Böse besiegte. Wir hatten schon einige Jahre lang Einsätze in Mexiko gemacht. Eines unserer größten Probleme war, wie wir mit der Angst vor den korrupten und widerrechtlichen Kräften innerhalb der mexikanischen Staatspolizei umgehen sollten.

Es war wieder einmal soweit. Wir hatten uns durch Gebet intensiv auf diesen Evangelisationseinsatz vorbereitet. Und als wir uns der mexikanischen Grenze über die Stadt El Paso (Texas) näherten, waren wir voller Glauben. Ich leitete eine Gruppe von etwa fünfzig Studenten der Jüngerschaftsschule von Jugend mit einer Mission in diesem praktischen Einsatz. Unsere Fahrzeugkolonne bestand aus einem Schulbus, zwei Lastwagen, einem Kleinbus und einem Wohnwagen. Unsere Ausrüstung und unser Vorrat reichten für zwei Monate in Mexiko. Als wir die Grenze zu überqueren begannen, geschah das Ungeschick. Ich sollte einige der schrecklichsten Tage meines Lebens erleben.

Gott läßt Satans Angriffe aus drei Gründen zu:

- Der Herr will unseren Charakter formen.
- Er will den Feind entlarven und vernichten.
- Er will ein Gebiet für das Reich Gottes einnehmen, das einst von den Mächten der Finsternis besetzt war.

Satan tritt uns wie ein brüllender Löwe entgegen und versucht, uns zu verschlingen. Aber in jedem Angriff, den der Herr zuläßt, ist ein Segen für uns verborgen.

Ich hatte beim Grenzübergang einen Unfall. Mein Fahrzeug und mein Wohnwagen wurden beschlagnahmt; meine Mitarbeiter und die Schüler fuhren zurück nach Texas. Meine Frau und mein kleiner Sohn waren auch dabei, und sie hatten nun keine Unterkunft.

Ich wurde zur Polizeiwache gebracht, und es wurde mir erklärt, daß es ein ernstes Problem gebe. Eines der Zollhäuschen war durch den Unfall beschädigt worden und nach mexikanischem Gesetz war eine Mindeststrafe von zwei Jahren Gefängnis für die Beschädigung staatlichen Eigentums angesetzt. Ich erklärte den Polizisten, daß der Unfall eindeutig die Schuld des anderen Beteiligten war. Sie sagten, daß ein Richter dies entscheiden müsse. Ich wurde zum Gefängnis gebracht, um dort auf die Gerichtsverhandlung zu warten.

Zu jener Zeit gab es in Juarez zwei Gefängnisse: ein ziemlich modernes und eines, das sich in einer alten Festung aus der Kolonialzeit befand und für seine schlimmen Zustände bekannt war. Während wir zum alten Gefängnis fuhren, entschuldigte sich der Polizist dafür, daß das andere voll war. Er warnte mich vor den Gefahren, die auf mich zukamen. Ich wurde von Angst ergriffen.

Einer der Schüler hatte mir einige Schriftstellen aus der Bibel gegeben. Als ich auf das zerknitterte Stück Papier in meiner Hand blickte, las ich folgendes:

> »Mitten unter den Löwen liege ich, die Menschen verschlingen. Ihre Zähne sind Speer und Pfeile, und ihre Zunge ist ein scharfes Schwert.«
> (Psalm 57,5)
> »Alle Rede Gottes ist geläutert. Ein Schild ist er denen, die bei ihm ihre Zuflucht suchen.«
> (Sprüche 30,5)

Das Gefängnis war viel schlimmer, als ich es mir vorgestellt hatte. Der Gefängnishof war von einer Mauer umgeben. Die Wachposten liefen mit Maschinengewehren auf der Mauer auf und ab, wagten jedoch nicht, außer als vollbewaffnete Polizeitruppe das Gefängnis zu betreten. Die Gefangenen erhielten weder Nahrung noch Wasser. Sie wurden durch Verwandte versorgt. Um überleben zu können, kämpften deshalb jene die nichts hatten, gegen jene, die etwas hatten.

Das Gefängnis wurde von einer organisierten Gruppe Kriminineller beherrscht. Unter anderem erpreßten sie Mitgefangene, die Schutz brauchten. Weil ich ein Gringo war, nahm man an, daß ich Geld hatte, und so wurde ich von einem Bandenführer zu einer Zelle mit zwölf anderen Insassen gebracht. Jeder dieser Gefangenen zahlte der Bande zweiundzwanzig Dollar pro Woche für begrenzten Schutz in einem abgeteilten Raum.

Das Gefängnis war ein brodelnder Hexenkessel der Angst. Mord war keine Seltenheit; homosexuelle Vergewaltigung war auf der Tagesordnung; Drogengebrauch war kein Geheimnis. Ich hatte kein Geld und nichts, womit ich mich hätte schützen können. Ich hatte keine Uhr, keinen Ehering - nur eine Bibel, eine Hose, ein T-Shirt und ein Paar Gummisandalen. Sobald ich die Zelle betrat, versuchte ein großer Mexikaner meine Sandalen zu stehlen. Die einzige Möglichkeit, sie zu behalten, bestand darin, auf ihnen stehenzubleiben.

Der Herr sprach sehr klar zu mir. »Deine Waffen sind nicht fleischlich, sondern geistlich. Wandle in der Autorität, die ich dir als Mann Gottes gegeben habe. Diene ihnen mit dem Evangelium. Dies wird dein Schutz sein.«

Ich fragte, ob irgendjemand Englisch spreche, und war bald im Gespräch mit einem Professor von der Universität Juarez, der wegen Unterschlagung verurteilt worden war. »Gott hat mich hierher geführt, um Ihnen etwas mitzuteilen«, sagte ich, und begann ihm von der Liebe des himmlischen Vaters zu erzählen.

Einige Stunden später merkte die Bande, daß ich kein Geld hatte. Sie holten mich aus der Schutzzelle heraus und warfen mich in die »Schlangengrube«. Dies war ein riesiger Raum, voll besetzt mit Männern, die zu den Allerverachtetsten gehörten. Hier waren Geisteskranke, Gewalttätige und äußerst perverse Homosexuelle. Ich war von einer Masse tätowierter, halbnackter, lüsterner Männer umgeben. Sie sahen wie Dämonen in menschlicher Haut aus. Ein kräftig gebauter Bandenchef bahnte sich einen Weg durch die Menge, sah mich mit einem prüfenden Blick an und erklärte mich als sein Eigentum.

Entlang der Wände waren winzige hölzerne Zellen gebaut. Er führte mich zu seiner Zelle und erklärte mir, daß ich von jetzt an als sein persönliches Eigentum dort schlafen würde.

Die Männer lachten über mich und beschlossen, ihren Spott mit mir zu treiben. Sie zwangen mich wie einen Sklaven, den Fußboden mit einem alten Lumpen aufzuwischen. Nach einiger Zeit kam ein Mexikaner aus Los Angeles auf mich zu. Er hatte eine einfache Botschaft für mich: »Dies ist die Hölle. Setz' alles dran, hier rauszukommen! Wenn du es nicht schaffst, bring' dich um. Du hast keine andere Wahl. Einige von uns vermodern hier seit Jahren ohne Gerichtsverfahren.« Ich versicherte ihm, daß ich unschuldig sei und bald wieder entlassen würde. Er lachte nur. Aber ich hatte meine Bibel, und der Mexikaner war ein guter Übersetzer. So begann ich, allen Männern von Jesus zu erzählen.

An jenem Abend, als die Situation langsam sehr gefährlich wurde, geschah etwas Erstaunliches. Der Professor, mit dem ich zuerst über Gott gesprochen hatte, hatte ein solches Verlangen nach dem Evangelium, daß er das Bestechungsgeld für mich zahlte. Er gab sein eigenes Schutzgeld aus, um mich aus der Schlangengrube herauszuholen und wieder in seiner Zelle zu haben. Ich war noch glücklicher, ihn zu sehen, als er mich. Wir verbrachten die nächsten zwei Tage damit, zusammen die Bibel zu lesen. Dann wurde ich herausgeholt, um vor Gericht zu erscheinen, und der Professor wurde in die Schlangengrube gebracht, da er sein Bestechungsgeld für mich ausgegeben hatte. Dieser Mann hatte sich immer vor der Schlangengrube gefürchtet, aber sein Verlangen nach der guten Nachricht war stärker gewesen als seine Angst.

Ich wurde schließlich freigesprochen und aus dem Gefängnis entlassen. Unser Einsatz in Mexiko fand doch noch wie geplant statt. Ich war jedoch völlig verändert. Ich war vollkommen von der Angst vor den mexikanischen Behörden freigesetzt worden. Als ich meinen Glauben im Gefängnis bezeugte, hatte ich eine Liebe für die Polizei und eine Last für die Gefangenen empfangen. In Galater 5,6 heißt es, daß der Glaube durch Liebe wirksam ist. Ich hatte gelernt, daß Angst eigentlich Glaube an den Teufel, Glaube an einen Menschen oder Glaube an sich selbst ist.

Als ich in jener ersten Nacht im Gefängnis mit Bronchitis auf dem kalten Zementboden lag und mit zwei Jahren ungerechter Gefangenschaft rechnen mußte, wurde ich vom Friedefürst bewacht, von der Macht, die über allen anderen Mächten Mexikos regiert. Ich befand mich in den allerschlimmsten Umständen. Der Feind hatte seine feurigen Pfeile auf meine verborgenen Ängste abgeschossen, aber es ergab sich daraus nur eine neue Gelegenheit für Gott, seine wunderbare Macht zu offenbaren.

Ich verbrachte den Rest des Sommers damit, in die mexikanischen Gefängnisse zu gehen und dort voller Kühnheit das Evangelium zu verkündigen. Ich kannte das Territorium. Es gehörte Jesus und mir.

> »Du aber, Herr, bist ein Schild um mich her, meine Ehre, und der mein Haupt emporhebt. Mit meiner Stimme rufe ich zum Herrn, und er antwortet mir von seinem heiligen Berg. Ich legte mich nieder und schlief; ich erwachte, denn der Herr stützt mich. Ich fürchte nicht Zehntausende Kriegsvolks, die ringsum mich belagern.« (Psalm 3,4-7)

Denke über deine Stadt nach.

- Was unterdrückt dich und deine Nachbarn?

- Durch welche positiven Handlungen könntest du dem Feind in seinen Festungen widerstehen?
- Wofür bist du verantwortlich?
- Bist du ein Pastor?

Deine Gemeinde ist beauftragt, die Wurzeln des Bösen herauszureißen, die durch frühere Sünden entstanden sind und Satan Raum gegeben haben.

Ist deine Gemeinde dabei, ein Gebäude zu erwerben? Wenn dies der Fall ist, so könnte dies nicht nur ein Bauprojekt sein, sondern eine Gelegenheit, geistliche Kampfführung über der ganzen Stadt zu betreiben. Die Spendensammlung für einen neuen Gemeinderaum könnte zum Beispiel eine Gelegenheit sein, um Festungen zu zerstören.

Ist in deiner Stadt ein Geist der Habgier zu finden? Dies ist oft in Städten der Fall, die anfangs durch Bergbau wohlhabend wurden, wie Denver oder Johannesburg, oder durch Handel, wie London oder Hongkong.

Die erste Spendensammlung könnte einer anderen Gemeinde gegeben werden. Die zweite Sammlung wird dann unter lautem Freudenjubel durchgeführt. Fordere die Gemeinde heraus, den großen Zusammenhang zu sehen - die Pläne und Ziele Gottes für die ganze Stadt. Motiviere sie, ihren Horizont zu erweitern! Wenn wir Gemeinde bauen, indem wir die Mitglieder nur dazu aufrufen, für sich und ihre Kinder ein Gebäude zu bauen, sind wir nur ein weiteres Unternehmen, das mit Gütern und Dienstleistungen handelt.

Ich kenne Gemeinden, die jahrelange Verzögerungen bei ihren Bauvorhaben erlebt haben. Es ist an der Zeit zu erkennen, was das Hindernis ist, und verstärkt dagegen zu beten und zu handeln. Einer der Namen Gottes ist *Baal Perazim*, und das bedeutet »Herr der Durchbrüche«. Daniel gab nicht auf. Er betete einundzwanzig Tage lang, bis die Offenbarung ihn erreichte.

Vielleicht wird deine Gemeinde von Gleichgültigkeit geplagt. Weissage dagegen, und führe die Gläubigen in mächtigen Lobpreis!

Distanzieren sich die Gemeindeglieder von anderen Christen, und geben sie religiösem Stolz Raum? Veranstalte einmal einen Gottesdienst zusammen mit einer Gemeinde minderbemittelter Christen am anderen Ende der Stadt!

Haben sie Angst vor Evangelisation? Bekämpfe die Lüge des Teufels, und lehre sie über Evangelisation! »Welcher in euch ist, ist größer als der, welcher in der Welt ist« (1. Johannes 4,4). »Ich bin Gott...ich bin derselbe, und da ist niemand, der aus meiner Hand errettet. Ich wirke, und wer kann es rückgängig machen?« (Jesaja 43,12.13).

Mit Gott Neues schaffen

Gottes Kraft wird nicht nur freigesetzt, wenn wir der Versuchung widerstehen und positiv handeln, sondern auch dann, wenn wir sein *Rhema*, sein Wort laut verkünden. Das griechische Wort *Rhema* ist die biblische Bezeichung für die konkrete persönliche Kommunikation Gottes mit seinen Kindern in Zeit und Raum. Es unterscheidet sich von dem Begriff *Logos*, der sich auf das in der Heiligen Schrift überlieferte und bereits offenbarte Wort bezieht.

Seit dem Pfingsttag sind wir der Tempel des Heiligen Geistes. Gott möchte, daß wir seine Gedanken denken, seine Gebete beten, seine Herzensregungen empfinden, sein Werk tun und seine Worte sprechen.

Weil wir die rechtmäßigen Verwalter dieses Planeten sind, ist es wichtig, daß ein Mensch für die Engel eine Handlungsvollmacht ausspricht. Der Nichtchrist hat seine Vollmacht verloren und untersteht dem Fürsten dieser Welt (Johannes 12,31). Aber der erlöste Gläubige hat das Herrschaftsrecht wiedergewonnen (1. Mose 1,28). Der Verkläger kann uns nicht mehr verurteilen. Die Türpfosten sind mit dem Blut besprengt worden (2. Mose 12,23). Das Lamm hat die Strafe schon auf sich genommen. Der Fluch ist gebrochen. Gott hat uns aus dem Reich der Finsternis errettet und uns in das Reich seines lieben Sohnes versetzt (siehe Kolosser 1,13).

Unser Herrschaftsrecht schließt das Vorrecht ein, Gottes Ziel ins Leben zu rufen, wenn er uns seine Gedanken offenbart. »Wir aber haben Christi Sinn« (1. Korinther 2,16). Auf diese Weise schaffen wir mit Gott neue Dinge und zerstören die Werke der Finsternis. Wir sprechen *im* Namen Jesu, *durch* die Macht des Heiligen Geistes, *aufgrund* des Blutes, das Jesus vergossen hat, *mit* dem Schwert des Geistes, welches das Wort Gottes ist.

Die Bibel stellt uns nicht als passive Beschützer dar, sondern als bewußte Kämpfer. In Jakobus 4,7 lesen wir: »Unterwerft euch nun Gott! Widersteht dem Teufel, und er wird von euch fliehen.« In Matthäus 18,18 heißt es: »Wenn ihr etwas auf Erden binden werdet, wird es im Himmel gebunden sein.«

Vor ein paar Jahren saß ich in einem Flugzeug, das sich dem Flughafen Burbank in Kalifornien näherte. Plötzlich wurde das Flugzeug erschüttert und begann gewaltig zu schwanken. Ich wollte gerade meiner Frau und meinen Kindern erklären, daß Flugzeuge sicher sind und das Problem bald gelöst sein werde, als die Stimme Gottes in meine Gedanken drang. »Ergreife die Autorität über dieses Flugzeug«, sagte er.

Ich verstand sofort. Mit ruhiger Bestimmtheit sprach ich folgende Worte: »Dieses Flugzeug wird sicher landen. Satan und Dämonen, ihr werdet uns nicht daran hindern; das Problem wird im allmächtigen Namen Jesu jetzt sofort gelöst werden. Wir sind Kinder des Allerhöchsten und arbeiten für unseren Vater. Und deshalb nehme ich die Autorität des allmächtigen Gottes über dieses Flugzeug in Anspruch und gebiete ihm, uns sicher auf die Erde zu bringen!«

Nach einigen weiteren gefährlichen Drehungen und einer holprigen Landung kam das Flugzeug zum Stillstand. Es wurde sofort von neun Löschfahrzeugen umringt. Ich kann mich immer noch lebhaft an das Gefühl erinnern, das ich spürte, als ich aus dem Fenster sah und direkt in die Messingdüse einer Löschpistole blickte, die von einem Mann in einem Asbestanzug gehalten wurde. Die Mannschaft drängte uns, das Flugzeug schnell zu verlassen, und ich weiß bis heute nicht, in welcher Situation wir uns tatsächlich befanden. Ich weiß nur das eine: Es ist eine Zeit für mich festgelegt zu sterben, aber das war nicht der Zeitpunkt. Es war Gott wichtig, daß ich meinen Willen ausübte und mit meinem Mund redete, und daß ich bewußt die höhere Gewalt Gottes in Anspruch nahm, als ich dem technischen oder menschlichen Problem entgegentrat, welches das Flugzeug an jenem Tag hatte.

Bei vielen Gelegenheiten habe ich wie Serubbabel als er den Schlußstein herausbrachte zu meiner Stadt gesprochen und gerufen: »Gnade, Gnade!« (Sacharja 4,7). Ich bete oft, wenn ich die Straßen entlang fahre, und rufe: »Gott wird in dieser Stadt verherrlicht werden!« »Jesu Macht ist größer als die Gewalt und Verzweiflung in den Straßen, größer als die Gleichgültigkeit und Spaltung in der Gemeinde Gottes. Diese Stadt wird einen Aufbruch erleben. »Gott aber sei Dank, der uns den Sieg gibt durch unseren Herrn Jesus Christus!« (1. Korinther 15,57). Satan und Dämonen, diese Stadt soll euch nicht gehören. Diese Stadt gehört Jesus und wird ihre Bestimmung erfüllen, indem sie den Völkern Segen bringt.«

Ich sage diese Dinge niemals leichtfertig oder als eine religiöse Beschwörung. Ich sehe diese Worte nicht einmal als ein Produkt meines eigenen Verstandes oder meiner Vorstellung. Während intensiven Gebetszeiten treibt mich der Geist Gottes manchmal, die Absicht und das Ziel Gottes eigenen Herzens zu proklamieren.

Leider versteht und gebraucht auch Satan dieses Prinzip. Seher, Medien und Wahrsager beeinflussen die Zukunft, die sie zu wissen vorgeben, indem sie Ereignisse voraussagen. Wenn sie ihre Aussage machen, setzen sie geistliche Mächte frei, die solche Dinge wie Unfälle oder Attentate bewirken.

Dies erklärt die Macht von Flüchen und vielen anderen nachgeahmten Zeichen und Wundern dämonischer Religion.

Wir haben jedoch nichts zu fürchten. Die Bibel sagt: »Ein unverdienter Fluch trifft nicht ein« (Sprüche 26,2), und »Keiner Waffe, die gegen dich geschmiedet wird, soll es gelingen« (Jesaja 54, 17).

Die Worte des Psalmisten fassen die Wahrheit zusammen, über die wir hier gesprochen haben:

> »Die Frommen sollen jubeln in Herrlichkeit, jauchzen sollen sie auf ihren Lagern! Lobpreis Gottes sei in ihrer Kehle und ein zweischneidiges Schwert in ihrer Hand, um Rache zu vollziehen an den Nationen, Strafgerichte an den Völkerschaften, um ihre Könige zu binden mit Ketten, ihre Edlen mit eisernen Fesseln, um das schon aufgeschriebene Gericht an ihnen zu vollziehen! Das ist Ehre für alle seine Frommen. Halleluja!« (Psalm 149,5-9)

Kapitel 21

Geburtswehen

»Und es geschah, als ich diese Worte hörte, setzte ich mich hin, weinte und trauerte tagelang. Und ich faste-te und betete vor dem Gott des Himmels.«
Nehemia 1,4

So wie die Wehen einer Frau den Anfang des Geburtsprozesses ankündigen, so gibt es Zeiten, in denen Gottes Geist unsere Seele zu intensivem Gebet anspornt. Wir müssen im Gebet anhalten, bis Gottes Ziele zum Durchbruch gekommen sind. Dies kann eine sehr persönliche und private Angelegenheit oder eine gemeinsame Aktion sein, die zum Beispiel regelmäßige Gebetstreffen für die Christen in der ganzen Stadt vorsieht. Was Gott ins Leben ruft, wird schließlich auch geboren werden. Wenn die Christen einer Stadt sich vereint und diese Phase des gemeinsamen Gebets erreicht haben, ist dies ein Zeichen für eine bevorstehende Erweckung.

Wenn du einen Menschen wirklich liebst, erwähnst du seinen Namen nicht beiläufig Gott gegenüber. Du betest, *bis* das geschieht, worum du bittest, bis die Antwort oder der Durchbruch da ist. Liebe gibt sich mit nichts weniger als dem Sieg zufrieden. Liebe erfüllt uns mit dem ernsthaften Streben nach dem gewünschten Ergebnis.

Wenn du für ein Familienmitglied betest, das durch Sünde gebunden ist, wirst du nicht eher von dieser Gebetslast befreit, bis dieser Mensch errettet, freigesetzt und erneuert ist. In gleicher Weise sollten wir für unsere Städte beten. »Bittet, und es wird euch gegeben werden; sucht, und ihr werdet finden; klopft an, und es wird euch aufgetan werden« (Matthäus 7,7).

In dem Jahr vor dem geplanten Einsatz bei den Olympischen Spielen weinte und seufzte ich viel, weil ich Jesu Mitleid für die Menschen meiner Stadt empfand. Wenn ich im Auto die Straßen entlangfuhr, strömten mir oft die Tränen über das Gesicht. Einige Zeit später vereinten sich während der Planungstreffen Hunderte von Pastoren aus mehr als fünfzig Konfessionen mit mir für den Einsatz zu intensivem Gebet.

Für jeden, der Fürbitte tut, wird es verschiedene Phasen des Gebets geben. Der körperliche Geburtsprozeß dient als anschaulicher Vergleich für eine ewige Wahrheit. Eine Frau ist nicht fähig, in kurzer Zeit eine große Anzahl von Kindern zur Welt zu bringen. Sie muß einen bestimmten Prozeß durchlaufen, der dann nach einer gewissen Zeit das erwartete Kind hervorbringt. 1983 stand ich in einem intensiven Gebetskampfes für meine Stadt. Ich war völlig eingenommen von dem ernsthaften Streben, das zu empfangen, was Gott verheißen hatte.

Zwei geistliche Voraussetzungen haben direkten Einfluß auf das Ausmaß eines geistlichen Sieges: die Intensität deines Verlangens und die Größe deines Glaubens. Gott möchte sehen, ob du einen minimalen oder einen maximalen Sieg willst. Willst du, daß Institutionen überleben oder daß eine ganze Stadt erweckt wird?

Der Prophet Elisa führte den jungen König Joas zu einem Fenster, das nach Osten ging und wies ihn an, einen Pfeil in Richtung der Aramäer zu schießen und damit seinem Eifer, diese zu besiegen, Ausdruck zu verleihen.

> »Dann sagte er: Nimm die Pfeile! Und er nahm sie. Und er sagte zum König von Israel: Schlag auf die Erde! Und er schlug dreimal und hielt inne. Da wurde der Mann Gottes zornig über ihn und sagte: Zu schlagen war fünf- oder sechsmal, dann hättest du Aram bis zur Vernichtung geschlagen. Jetzt aber wirst du Aram nur dreimal schlagen.« (2. Könige 13,18,19)

Mose machte diesen Fehler nicht. Sein Dienst der Fürbitte war durch Intensität und Ausdauer gekennzeichnet. Mose war auch ein Mann, der sich über seine persönlichen Prioritäten Klarheit verschafft hatte. In 2. Mose 18 wird berichtet, daß sein Schwiegervater Jitro ihn lehrte, daß Fürbitte für das Volk die wichtigste der sechs Verantwortungen sei, die ein Leiter übernehmen soll.

Die nachfolgende Liste gründet sich auf 2. Mose 18,19-22 und hat sich für mich als sehr hilfreich erwiesen. Ich habe sie gut sichtbar auf der ersten Seite meines Gebetstagebuchs eingetragen:

»Vertritt du das Volk vor Gott« (Fürbitte ist die erste Priorität.)

»Lehre sie die Ordnungen und Weisungen!« (Bereite Lehre über wichtigen Themen vor.)

»Zeige ihnen den Weg, den sie gehen sollen!« (Entwickle Weitblick).

»...Und das Werk, das sie tun sollen« (Lege den Plan dar, um von diesem zu jenem Punkt zu gelangen.)

»Suche dir aus dem ganzen Volk tüchtige, gottesfürchtige Männer aus!« (Setze Leiterschaft ein.)

»Jede große Sache sollen sie vor dich bringen!« (Bewahre deine Kraft für die wirklich wichtigen Dinge!)

Es wird für den Pastor einer Gemeinde oder den Leiter eines Dienstes nicht einfach sein, diese Prioritäten einzuhalten, denn Gebet ist hauptsächlich eine private Angelegenheit. Gebet ist der Aspekt im Dienst eines Leiters, der für die Menschen nicht sichtbar ist. Wir sind leicht versucht, endlosen, aber unproduktiven Aktivitäten nachzugehen, weil wir die Anerkennung und das Verständnis der Menschen wünschen, die uns folgen. Wir müssen über Menschenfurcht Buße tun und Gott um eine Offenbarung der Priorität des Gebets bitten. Dann wird unser Leben verwandelt.

Die meisten von uns lernen durch die Sorge um ihre Kinder intensiv zu beten. Gottes Methode, einen ichbezogenen Teenager in einen auf andere ausgerichteten Erwachsenen zu verwandeln, besteht vor allem darin, daß er ihn in eine Familie stellt.

Das Prinzip lautet: Die Bereitwilligkeit zur Charakterumformung ist immer in einer Liebesbeziehung zu finden. Denken wir etwa an die Geschichte von Jakob. Er verpflichtete sich vierzehn Jahre lang zum Dienst und lernte dabei, seine eigenen Charakterschwächen zu verabscheuen, als er diese in der Tendenz, andere zu manipulieren, im Leben seines Onkels Laban wiederfand.

Warum blieb er und ertrug diese schmerzliche Lehre? Die Antwort lautet: Er war in Rahel verliebt. Die Bibel berichtet in 1. Mose 29,20 von der erstaunlichen Bereitwilligkeit, die diese Liebe bewirkte: »So diente Jakob für Rahel sieben Jahre; und sie waren in seinen Augen wie einige wenige Tage, weil er sie liebte.«

Die Liebe zu Rahel trug Jakob durch die schwierige Zeit seiner Lehrzeit zum Leiter. Sein Name wurde schließlich von Jakob (zu deutsch »Betrüger«), zu Israel (»Fürst Gottes«) verändert.

Wir ahnen nur selten, welchen chirurgischen Eingriff Gott plant, wenn wir uns verlieben, heiraten und eine Familie gründen. Dies erinnert mich an einen meiner Freunde, der gerne Späße machte. Er veränderte den Text eines bekannten Lobpreisliedes immer und sang: »Schleif' uns zusammen,

Herr, schleif' uns zusammen, mit Banden, die niemals mehr reißen.«

Wenn wir ledig sind, sehnen wir uns nach der innigen Beziehung der Ehe - danach, einen anderen Menschen »für sich allein« zu haben. Wir träumen von Augenblicken emotionaler und körperlicher Nähe. Wir heiraten schließlich und leben auf einmal mit der Realität, unsere Zeit, unser Geld und unseren Wohnraum mit einem anderen Menschen teilen zu müssen. Nun entdecken wir, wie sehr wir wirklich Jesus brauchen.

Und dann kommen Kinder. Niedliche, kleine Geschöpfe, die ständig unsere volle Aufmerksamkeit erfordern. Aber welche Liebe erfüllt unser Herz beim ersten Anblick unseres Kindes! Das egoistische Pochen auf unsere persönlichen Rechte ist in dem Moment, da diese großen Kinderaugen uns anblicken, spurlos verschwunden.

Wenn ein Kind zur Welt kommt, werden die Eltern praktisch zu seinen Sklaven. Wir wickeln es, wir füttern es, wir wärmen es, und wir schützen es, und manchmal tun wir dies die ganze Nacht.

Während der frühen Kindheit sorgen wir uns vor allem um die körperliche Sicherheit der Kleinen. Darauf konzentrieren sich auch oft unsere Gebete. Aber bald erreichen die Kinder das Teenageralter. An dem Tag, als mein ältester Sohn auf das Gymnasium kam, wußte ich, daß sich mein Gebetsleben verändern mußte. Jetzt kann ich Paulus' Gedanken in Galater 4,19 wirklich nachvollziehen: »Meine Kinder, um die ich abermals Geburtswehen erleide, bis Christus in euch Gestalt gewonnen hat.«

Gott, unser Vater, benützt unsere Erfahrung als Eltern, um uns zu helfen, uns mit ihm zu identifizieren. Der Heilige Geist erinnert uns daran, unseren Glauben anderen zu bezeugen. Aber den meisten Christen fällt es schwer, ihren Glauben weiterzugeben, und sie haben Angst, abgelehnt zu werden, obwohl ihnen ihr Gewissen sagt, daß sie eine klare Verantwortung haben.

Warum reden wir mit anderen Menschen über Jesus? Warum beten wir für andere? Weil die Menschen Gott brauchen? Weil wir Fremde nur anzusehen brauchen und sie dann einfach so sehr lieben? Weil wir die Pflicht und Verantwortung dazu haben?

Wenn wir einen Menschen lieben, versuchen wir, ihm in dem Bereich Trost und Hilfe zu geben, wo er am meisten verletzt ist.

Unser von Leid erfüllter himmlischer Vater hat uns eine große Verantwortung und ein Vorrecht anvertraut: seine Liebe einer verwundeten Generation gegenüber zum Ausdruck zu bringen.

Jesus sagte: »Wie der Vater mich ausgesandt hat, sende ich auch euch« (Johannes 20,21). Wir werden als »Leib Christi« bezeichnet. Das bedeutet, daß unsere Hände seine Hände werden, unsere Augen mit seiner Liebe leuchten und unsere Stimmen seine Worte sprechen sollen. Als sein Volk repräsentieren wir Jesus gegenüber den Menschen in der Welt. Wo werden sie ihn sonst sehen?

Ich habe drei Kinder. Es macht mir Freude, sie zu umarmen, zu trösten und zu lehren. Ich kann mir nicht vorstellen, wie es wäre, wenn ich keine Arme hätte, sie zu halten, und keine Stimme, sie zu trösten, wenn sie Schmerzen haben. Gott hat uns das große Vorrecht anvertraut, sein liebevolles Herz gegenüber seinen eigenen widerspenstigen Kindern zum Ausdruck zu bringen. Gott schenkt uns großes Vertrauen, und wir dürfen es nicht enttäuschen. Wir dürfen den Schmerz und Kummer nicht ignorieren, den Gott über Millionen von Menschen empfindet, die noch immer nichts von seinem Versöhnungsplan wissen.

Wir hören in Predigten oft von einem Dienst der Versöhnung. Genau das ist Evangelisation. Aber wenn wir einen Fremden auf der Straße sehen, fühlen wir nicht sofort Liebe für diesen Menschen. Wir können diesen Menschen tatsächlich nicht lieben.

Hast du dich schon einmal gefragt, wie man Liebe für die Verlorenen fühlt? Dies sind gängige Worte in unserem christlichen Vokabular. Viele Gläubige fühlen Verdammnis und prüfen ihr Herz und warten gleichzeitig auf ein Gefühl des Wohlwollens, das ihnen den Mut zum Evangelisieren gibt. Das wird nie passieren. Es ist unmöglich, »die Verlorenen« zu lieben. Man kann für einen abstrakten Begriff keine tiefen Gefühle entwickeln. Es wäre für uns unmöglich, einen unbekannten Menschen auf einem Photo tief zu lieben, geschweige denn ein Volk, eine Rasse oder eine vage Vorstellung wie etwa »alle Verlorenen«.

Wir haben vielleicht das Zeugnis von Missionaren gelesen, die im Gebet für das Volk, zu dem sie berufen waren, aus liebevollem Mitleid weinten. Wir dürfen jedoch nicht vergessen, daß diese Erfahrung darauf zurückzuführen ist, daß Gott seine Gefühle einem menschlichen Herzen während der Fürbitte mitgeteilt hat. Gott hat keine Beziehung zu Gebrauchsartikeln oder Abstraktionen. Er ist allgegenwärtig und kennt jeden einzelnen. Er hat Beziehungen mit einzelnen Menschen. Es sieht die Menschen nicht als eine Masse, etwa als das chinesische Volk, sondern er sieht jeden einzelnen Chinesen und jede einzelne Chinesin und kennt sie persönlich seit ihrer Zeugung.

Warte nicht erst auf ein Gefühl der Liebe, bis du einem Fremden von Christus erzählst. Du liebst deinen himmlischen Vater bereits und weißt, daß dieser Fremde von ihm erschaffen wurde, aber von ihm getrennt lebt. Tue die ersten Schritte, weil du Gott liebst! Unser Hauptmotiv, anderen unseren Glauben zu bezeugen oder für die Verlorenen zu beten, ist nicht Mitleid mit der Menschheit, sondern zuallererst unsere Liebe zu Gott. Die Bibel sagt in Epheser 6,7.8: »Dient mit Gutwilligkeit als dem Herrn und nicht den Menschen! Ihr wißt doch, daß jeder, der Gutes tut, dies vom Herrn empfangen wird, er sei Sklave oder Freier.«

Die Menschheit verdient die Liebe Gottes nicht mehr als du und ich. Wir sollten niemals als christliche Humanisten Jesus den armen sündigen Menschen bringen und ihn dadurch zu irgendeinem Produkt degradieren, das ihr Leben erleichtern wird. Die Menschen verdienen es, verurteilt zu werden, aber Jesus, das leidende Lamm Gottes, verdient die Belohnung für sein Leiden, und das heißt, daß niemand verlorengeht, sondern daß alle mit dem Vater versöhnt werden.

Wenn du deinen Mund auftust, um anderen aus Liebe zu Gott von ihm Zeugnis zu geben, wird Christus, der in dir wohnt, sein liebevolles Herz offenbaren. Der Apostel Paulus bezeugte dieses motivierende Wirken des Heiligen Geistes. »Denn die Liebe Christi drängt uns« (2. Korinther 5,14).

Wenn wir den Menschen durch Gebet oder Verkündigung dienen, müssen wir dem Heiligen Geist Zugang zu unseren Emotionen gewähren. Viele Christen sind nicht in der Lage, mit dem Heiligen Geist in intensive Gebetszeiten durchzudringen, weil sie Angst haben, tiefe Gefühle zu empfinden. Dieses Hindernis hat seine Ursache in unserer Angst, die Kontrolle zu verlieren. Aber unser gesamtes geistliches Leben ist gerade davon abhängig, inwieweit wir uns der Herrschaft des Heiligen Geistes ausliefern.

Gott hat verheißen, daß er, wenn wir ihm nachfolgen, unser steinernes Herz entfernen und uns ein Herz aus Fleisch geben werde. Das Leiden, das uns einst bitter werden ließ, ist jetzt der Schmelztiegel, in dem unser Mitleid gebrannt wird. »Denn wie die Leiden des Christus überreich auf uns kommen, so ist auch durch den Christus unser Trost überreich« (2. Korinther 1,5).

Das einzige, was dem Fürbitter durch eine lange Zeit des Gebets Kraft geben wird, ist die beständige Offenbarung durch den Heiligen Geist. Der heilige Geist liebt den Vater; der Heilige Geist offenbart das Erbarmen des Vaters; der Heilige Geist gibt uns den Glauben, zu erkennen, daß diejenigen, die treu am Gebet festhalten, immer auch die Freude erleben werden, daß ihr Gebet beantwortet wird.

Eine meiner ersten Erfahrungen mit »dem Gebet bis zum Durchbruch« machte ich, als ich eines Nachts einen Anhalter mitnahm. Er war etwa achtzehn Jahre alt, einsam, unglücklich und drogenabhängig.

Ich bot ihm eine Unterkunft für die Nacht und eine Mahlzeit an und redete mit ihm über seinen himmlischen Vater. An einem Punkt in unserem Gespräch fühlte ich so großes Mitleid mit diesem jungen Mann, daß ich es fast nicht mehr ertragen konnte. Ich sagte: »Colin, Gott liebt dich seit dem Tag deiner Geburt. Er hat sich danach gesehnt, daß dir jemand sagt, wie sehr er dich liebt. Er versteht dich. Er kennt jede Verletzung und jede Enttäuschung in deinem Leben. Wenn du weinst, dann weint er auch.«

Colin war im Innersten seines Wesens bewegt. Er sah mich mit großem Verlangen an, aber er war in jener Nacht nicht fähig, Gottes Reden zu erwidern. Er hatte zu viel »Speed« genommen, um schlafen zu können, und so setzte er seine Reise fort.

In den darauffolgenden Monaten führte mich mein Reisedienst in verschiedene Länder, aber der Herr hatte einen Samen des Erbarmens für Colin in mein Herz gepflanzt, der im Laufe der Zeit zu einer größeren Gebetslast wuchs. Der Heilige Geist führte mich in sehr spezifisches Gebet. Ich erinnere mich, wie ich Gott eindringlich bat, Colin von Drogen zu befreien, während ich durch einen Schneesturm in Kanada fuhr. Ich erinnere mich, wie ich während einer Gebetszeit in Osaka (Japan) Dämonen sexueller Perversion gebot.

Als ich nach Los Angeles zurückkehrte, wurde ich von einem Mitarbeiter von Jugend mit einer Mission aufgeregt begrüßt.

»Colin hat sich bekehrt«, sagte er.

»Welcher Colin?«, fragte ich und wollte keine falschen Hoffnungen in mir aufkommen lassen.

»Ein Junge, den du als Anhalter mitgenommen hast. Er hat sich heute bekehrt, kurz bevor du hier ankamst.«

Als ich die Tür zur Jüngerschaftsschule öffnete, sah ich ihn mit Tränen in den Augen und umgeben von Schülern, die gerade das Lebensübergabegebet mit ihm gesprochen hatten.

Er war in einem nahegelegenen Park gewesen und hatte dort mit Drogen gehandelt, als er durch die Bäume blickte und das Haus von Jugend mit einer Mission erkannte. Er erinnerte sich an Gottes erwiesene Freundlichkeit, warf seine Drogen in einen Abfalleimer und rannte weinend über die Straße.

Als einer unserer Mitarbeiter ihm die Tür öffnete, nachdem er geklopft hatte, sagte er: »Ich möchte hereinkommen. Ich muß mich bekehren.« Und natürlich wurde er mit Freude in die Familie Gottes aufgenommen.

Während ich monatelang für Colin betete, war ich über die Fähigkeit des Heiligen Geistes erstaunt, meine Emotionen anzurühren. Ich hatte nur kurz mit Colin gesprochen, aber es war eine übernatürliche Gebetskraft in mir erweckt worden. Wenn Christus »ewig lebt und für uns bei Gott eintritt« (Hebräer 7,25; »Hoffnung für alle«, Das Neue Testament, Brunnen Verlag), müssen wir im Glauben diesen Aspekt seines Lebens empfangen, so wie wir auch seine Reinigung und seinen Sieg über die Sünde empfangen haben. Christi Gebetsleben muß mit Hilfe des Heiligen Geist, der in uns wohnt, durch uns zum Ausdruck kommen.

1971 war ich ein Schüler an der Schule für Evangelisation von Jugend mit einer Mission in der Schweiz und fing gerade erst an, geistliche Wahrheiten zu verstehen. Eines Tages rief Loren Cunningham zu einem besonderen Gebetstreffen für die Vereinigten Staaten auf, und mehrere von uns trafen sich mit ihm in einem der oberen Räume.

Als erstes bat er den Heiligen Geist, Sünde in unserem Leben aufzudecken. Ich empfing eine tiefe Sündenerkenntnis darüber, daß ich oft über andere richtete. Ich bekannte dies offen und wurde sofort von großer Freude erfüllt.

Als wir für die Vereinigten Staaten beteten, legte mir der Heilige Geist eine bestimmte Subkultur aufs Herz. Ich betete:

»Gott, ich bitte dich, offenbare dich den rebellischen Kindern aus christlichen Familien, die jetzt in den Kommunen der Gegenkultur in San Francisco leben.«

Als ich diese Worte ausgesprochen hatte, wurde mein Körper augenblicklich von einem tiefem Schluchzen erschüttert. Ich war nicht fähig, noch ein weiteres Gebet zu sprechen. Ich kann mich erinnern, daß ich überlegte, wie ich nur so tiefe Gefühle für Menschen haben könne, denen ich noch nie begegnet war und die in einem Land lebten, das mir fremd ist? Es war meine erste Erfahrung mit Jesus, dem Fürsprecher, der seine Last für die Verlorenen mit mir teilte. Ich konnte ihre Einsamkeit und Verwirrung nachempfinden. Ich spürte, wie es ist, einen Berg ungetilgter Schuld herumzutragen, ständig mit den Anklagen böser Geister zu leben und von ihnen gequält zu werden.

Der Heilige Geist leidet ständig, weil er in den Schmerz und Kummer der Menschen eindringt. Durch den Heiligen Geist läßt der Fürbitter die Leiden anderer zu den seinen werden. Fürbitte ist kein stellvertretendes Opfer für Sünde - ein solches Opfer ist nur das vollendete Werk Jesu durch seinen Kreuzestod - aber der Fürbitter identifiziert sich völlig mit dem Leidenden in seinem körperlichen und geistlichen Zustand. Diese Auswirkung göttlicher Liebe führt zur Freisetzung göttlicher Kraft.

Liebe läßt sich durch das damit verbundene Opfer messen und durch Handeln erkennen, das uns etwas kostet. Liebe hört nicht auf, ganz gleich, was es uns kostet. »Größere Liebe hat niemand als die, daß er sein Leben hingibt für seine Freunde“ (Johannes 15,13). Die Liebe identifiziert sich mit dem Leid und erträgt es, bis es aufhört. Paulus sagte:

> »Sei es aber, daß wir bedrängt werden, so ist es zu eurem Trost und Heil.« (2. Korinther 1,6)
> »...allezeit das Sterben Jesu am Leib umhertragend, damit auch das Leben Jesu an unserem Leibe offen-

> bar werde. Denn ständig werden wir, die Lebenden, dem Tod überliefert um Jesu willen, damit auch das Leben Jesu an unserem sterblichen Fleisch offenbar werde. Folglich wirkt der Tod in uns, das Leben aber in euch.« (2. Korinther 4,10-12)

Der Patriarch Abraham empfing eine Verheißung von Gott, aber er mußte einen lebenslangen Prozeß durchlaufen, bis er deren Erfüllung empfing. »Und so erlangte er, indem er ausharrte, die Verheißung« (Hebräer 6,15).

Auch wir müssen ausharren, bis das, was Gott verheißen hat, vollendet ist. Manchmal kann allein das Durchhalten geistliche Kampfführung sein. Wir müssen in der Situation ausharren, bis das Wesen Christi in uns geformt ist und wir die nötige geistliche Autorität gewonnen haben.

Die Auferstehungskraft tritt erst in Erscheinung, nachdem das Kreuz sein Werk in uns getan hat. Eigennutz, Selbstüberhebung, Selbsterhaltung und Selbstvertrauen müssen sterben, damit wir eine enge Freundschaft mit einem heiligen Gott erfahren können und siegreiche Autorität erhalten, um die Werke Satans zu zerstören.

Der Sieg kommt nicht in einem Augenblick. Ich habe eine Bekannte, deren Haus früher voll war mit hilfsbedürftigen Menschen, von denen viele Befreiung von dämonischer Bedrückung brauchten. Sie eilte von einem zum andern, gab Seelsorge und Trost, bis sie völlig erschöpft war. Sie gebot Dämonen zu weichen, aber es war offensichtlich, daß die Bindungen noch weiter bestanden.

Schließlich wurde sie selbst von dämonischen Mächten unterdrückt und hatte sogar Selbstmordgedanken. In diesem dunklen Augenblick lehrte Gott sie, daß Befreiung ein Prozeß ist.

Sie verwandelte ihr Haus in ein Gebetshaus. Jeder erhielt nur dann Seelsorge, wenn sie spürte, daß durch Fürbitte geistliche Autorität errungen worden war. Manche Siege wurden schnell erreicht, andere aber erforderten Zeiten intensiver Gebetskämpfe.

Ich erinnere mich an ein Beispiel für dieses Prinzip in meinem frühen christlichen Leben. Ich stand vor einer großen Filmleinwand im Auditorium einer kanadischen High-School. Überall auf dem Schulgelände hingen bunte Poster, welche die Schüler auf eine Veranstaltung während der Mittagszeit aufmerksam machten.

Christliche Studenten hatten viele ihrer Freunde eingeladen, und wir erwarteten eine Menge Schüler. Wir wollten einen eindrucksvollen christlichen Film zeigen, der sich mit interessanten Themen für Jugendliche befaßte, und wir erhofften uns gute Ergebnisse.

Als der Film beginnen sollte, hatte sich nur eine Handvoll Schüler im Auditorium eingefunden. Ich war entmutigt.

Ich trat hinter die Leinwand und lief betend auf und ab. »Herr, bringe sie herein! Heiliger Geist, streiche du über die Gänge hinweg und führe die Schüler in diesen Raum! Laß sie heute eine Begegnung mit Gott haben!«

Ich betete fünfzehn Minuten lang auf diese Art und Weise, ohne sichtbare Ergebnisse. Der Ankläger quälte mich mit meinem Versagen, und ich wollte schon meine technische Ausrüstung zusammenpacken und weggehen. Dann geschah es. Die Schüler begannen in den Raum zu strömen. Nicht nur Christen, sondern Schüler jeder Art und Überzeugung.

Schließlich waren keine Stühle mehr frei, und die Schüler begannen an den Wänden entlang zu stehen und auf dem Boden zu sitzen. Ich blieb hinter der Leinwand und betete weiter. »Bringe jeden hierher, Herr, jeden einzelnen, der hier sein soll.«

Vor dem Auditiorium bildete sich eine Schlange. Ein aufgeregter Lehrer begann Schüler wegzuschicken, weil der Raum so überfüllt war, daß wir die Feuerschutzbestimmungen nicht mehr einhielten.

Ich weinte und lobte Gott hinter der Leinwand. »Vergib mir Herr, daß ich dir nicht vertraut habe. Ich erkenne jetzt, daß du mächtig wirkst, wenn ich mich ernsthaft nach dem maximalen Ergebnis austrecke. Vollende dein Werk heute, Herr; vollende dein Werk!«

In der Veranstaltung, die dann stattfand, veränderte Gott das Leben vieler junger Menschen.

Dreißig Minuten ernsthaften Gebets sind kaum ein gültiges Beispiel für echten Gebetskampf, aber der Herr mußte an irgendeinem Punkt mit mir anfangen. In den folgenden Jahren habe ich oft monate- oder sogar jahrelang im Gebet um Menschen und Dienste gerungen, die der Herr mir auf meine Seele gelegt hat. Er hat mir einen hartnäckigen Glauben geschenkt, der um die Verheißung ringt und nicht losläßt.

Hesekiel wurde mit dieser heiligen Hartnäckigkeit ausgerüstet, als Gott ihn zum Prophetendienst berief.

> »Siehe, ich habe dein Angesicht hart gemacht genau wie ihr Angesicht und deine Stirn hart genau wie ihre Stirn; wie einen Diamanten, härter als einen Kieselstein, habe ich deine Stirn gemacht. Fürchte sie nicht und erschrick nicht vor ihrem Angesicht! Denn ein widerspenstiges Haus sind sie.« (Hesekiel 3,8.9)

Wir brauchen die Demut, um augenblicklich unsere Richtung zu ändern, wenn uns gezeigt wird, daß wir auf dem Irrweg sind, und die Hartnäckigkeit, trotz aller Übermacht so lange fortzufahren wie nötig, um die Aufgabe zu vollenden, die Gott uns aufgetragen hat. Diese »heilige Hartnäckigkeit« ist besonders wichtig, wenn wir für den Durchbruch in einer Stadt beten. Es werden Zeiten der Ernte kommen; neue Dienste werden entstehen. Aber diese Dinge werden nicht von heute auf morgen passieren.

Gott pflanzt einen göttlichen Traum in das Herz jedes Gläubigen. Aber so wie Joseph werden wir entdecken, daß unser

Weg vom Berg der Verheißung in das Tal der Lehrzeit führt. Wie Jakob beginnen wir die Reise vielleicht in menschlicher Kraft, aber Gott muß uns zu einer ehrlichen Beurteilung unserer Schwäche zwingen, ehe wir die Verheißung erben können. Viele Visionen sterben auf dem Weg zur Auferstehungskraft. Gott subtrahiert, bevor er multipliziert.

> »Und der Herr sprach zu Gideon: Zu zahlreich ist das Volk, das bei dir ist, als daß ich Midian in ihre Hand geben könnte. Israel soll sich nicht gegen mich rühmen können und sagen: Meine Hand hat mich gerettet.« (Richter 7,2)

Das Zeugnis von Paulus muß auch unseres werden: »Ich bin mit Christus gekreuzigt, und nicht mehr lebe ich, sondern Christus lebt in mir; was ich aber jetzt im Fleisch lebe, lebe ich im Glauben an den Sohn Gottes, der mich geliebt und sich selbst für mich hingegeben hat« (Galater 2,20).

Diese Lektion habe ich durch schmerzliches Versagen gelernt. Gott gab uns vor fünfzehn Jahren während eines Mitarbeiter Gebetstreffens eine Last für Kinder, die von zu Hause weggelaufen sind und sich in Hollywood und San Francisco sammeln. Teil der Vision, die Gott uns gab, war der Ausbau eines ländlichen Grundstücks in ein Konferenzzentrum, ein Ferienlager für Teenager und einen Ort, wo Jugendliche, die von zu Hause weggelaufen sind, die Möglichkeit bekommen, einen neuen Anfang zu machen.

Das erste Grundstück, das wir übernahmen, war ein altes Flughafengelände, das am Rande einer winzigen Stadt achtzig Meilen nördlich von Los Angeles lag. Es war nur eine Übergangslösung. Wir gaben das Gelände schließlich dem christlichen Baumeister zurück, dem es gehörte.

Das nächste Grundstück lag in der Nähe eines Erholungsortes in einem schönen Gebirgstal im mittleren Kalifornien. Es bestand aus acht Hektar Land mit mehreren Gebäuden. Das Grundstück war ein Geschenk, und wir nahmen es freudig an, aber erst, nachdem wir viel darüber gebetet hatten. Wir holten uns bei etlichen weisen Menschen Rat, und wir waren überzeugt, daß der Herr uns in dieser Sache führte. Der Heilige Geist prägte uns ein, daß es wichtig sei, in allen Umständen Gott zu preisen, aber erst später verstanden wir die Bedeutung dieser Worte.

Der Dienst fing gut an, aber innerhalb weniger Monate hatten Streit und Beschuldigungen zu Uneinigkeit unter den Mitarbeitern geführt, und der führende Leiter verließ entmutigt seinen Dienst. Es wurde ein neuer Leiter von Los Angeles geschickt, und dieser begann, das Team wieder aufzubauen. Innerhalb weniger Wochen stieß er jedoch auf große rechtliche Probleme, als er versuchte, auf dem Grundstück neue Gebäude zu errichten. Ohne neue Gebäude war das Grundstück nur sehr begrenzt nutzbar. Wir waren verwirrt. Warum hatte Gott uns in diese Situation gebracht?

Während dieser Zeit erlebten wir ein Unglück. Ein kleiner Junge namens Shawnie Blignaut, das Kind eines unserer Mitarbeiter, ertrank in einem der Weiher auf dem Grundstück. Das Mitarbeiterteam war zutiefst erschüttert. Die Leiter von Jugend mit einer Mission versammelten sich mit den Christen aus der Umgebung zum Begräbnis und hielten mit der leiderfüllten Familie eine Trauerfeier ab. Der Geist Gottes tröstete die Trauernden mit einem himmlischen Frieden, aber das Unglück hatte die Stimmung unter den Mitarbeitern stark gedämpft.

Der Dienst wurde einige Monate lang fortgesetzt, aber es fehlte die Begeisterung. Wir zogen uns schließlich aus jener Stadt zurück und übergaben das Gelände einer anderen Organisation. Es war ein schmerzlicher Verlust für uns.

Ich konnte nicht verstehen, warum dieser Dienst gescheitert war. Ich hatte über dieses Projekt mehr als über alle anderen gebetet. Ich hatte in Übereinstimmung mit meinen Ältesten und Beratern gehandelt. Ich hatte viele Verheißungen von Gott empfangen, aber jetzt schienen sie mich aus den Trümmern meiner Niederlage zu verhöhnen.

Alles, was wir tun konnten, war, Gott anzubeten und ihm kostbare Lobpreisopfer zu bringen. »Sei mir gnädig, o Gott, sei mir gnädig! Denn bei dir birgt sich meine Seele. Im Schatten deiner Flügel berge ich mich, bis vorübergezogen das Verderben« (Psalm 57,2).

Unsere Seele war von dunkler Nacht umhüllt, als wir Gott allein um seines Wesens willen anbeteten, ohne das geringste Verständnis für unsere Situation. »Wer in Finsternis lebt und wem kein Lichtglanz scheint, vertraue auf den Namen des Herrn und stütze sich auf seinen Gott!« (Jesaja 50,10).

All unsere Hoffnungen und Träume schienen mit jenem kleinen Jungen begraben zu sein, und wir verspürten nicht einmal den Wunsch, ein neues Grundstück zu suchen, um neu anzufangen. Als wir in der Anbetung fortfuhren, begann Gott einen standhaften Glauben in uns aufzubauen, der unabhängig von der Größe unseres Fortschritts, der Anzahl unserer Hilfsmittel oder der Stärke unserer Verbündeten war. Wir priesen ihn als den Gott, der Auferstehungskraft schenkt, wenn alle menschliche Kraft aufgebraucht ist.

Es vergingen viele Monate. Wir dachten nur selten an die ursprünglichen Verheißungen, die Gott uns viele Jahre zuvor gegeben hatte. Wir hatten nicht den Glauben verloren; wir wußten nur nicht, ob wir die nötigen Fähigkeiten hatten, um das zu erben, was Gott verheißen hatte.

Wir setzten unsere Dienste, die Ausbildung von Missionaren, die Aufnahme von entlaufenen Jugendlichen, die Hilfe für Flüchtlinge und die Organisation von Einsätzen fort. Dann erhielt ich eines Tages einen Anruf und wurde völlig überrascht von einer Reihe neuer Entwicklungen.

Eine großzügige Organisation schenkte uns einen riesigen Grundbesitz, auf dem kaum noch Schulden waren. Der Gebäudekomplex hatte zuvor einem geistlichen Amt gehört, und obgleich einige Ausbesserungen notwendig waren, waren mehr Einrichtungen da, als wir uns je erträumt hatten.

Ein wunderschönes altes Hotel stand auf 200 Hektar Land - umgeben von vielen Häusern, Werkstätten, einem Zentralgebäude, Klassenräumen, einem Swimming-Pool und einem Auditorium mit eintausend Sitzplätzen. Wir waren überwältigt von der Größe des Planes, den Gott für uns hatte. Es war nicht leicht, genügend Mitarbeiter für eine so große Einrichtung zu finden. Aber Gott hatte einige unserer Mitarbeiter mit den nötigen Gaben ausgerüstet. Aus diesem Ort entwickelte sich ein fruchtbarer Dienst. Hier entstand auch die Verwaltungszentrale unserer Organisation für Nordkalifornien . »Die mit Tränen säen, werden mit Jubel ernten« (Psalm 126,5).

Welche Vision hast du persönlich? Brennt ein von Gott inspirierter Traum in deinem Herzen? Gib nicht auf! Laß Gott sein Werk in dir tun! Halte deine Augen auf den König gerichtet, empfange seine Vision für die Stadt, gib Ihm dein Leben und deine Gaben, und tue im Gehorsam die ersten Schritte!

Keiner von uns weiß von Anfang an den Ausgang der Dinge. Wir wissen nur, daß er »der Anfänger und Vollender des Glaubens« ist (Hebräer 12,2). Gottes Wege sind zu wunderbar für uns. Ich verstehe mehr, als ich in diesem Buch niederschreiben kann, aber was ich verstehe, ist ein winziger Bruchteil. Ich lebe am Rande von Wundern, die mein Verständnis übersteigen. Je mehr meine Wißbegier befriedigt wird, desto mehr staune ich über den Gott, den ich erkenne.

Ich lebe wie du auf einem sterbenden Planeten, an einem finsteren Ort, der von Dämonen verdorben wurde, aber in meinem Herzen wächst eine starke Freude. Gott zu kennen bedeutet manchmal, Furcht und Schmerz zu erleben, aber die meiste Zeit empfinde ich Freude und Staunen.

Gott ist die interessanteste Person im Universum - und auch die wunderbarste. Er ist sanft und gerecht, unendlich und dennoch persönlich. Jesus kam in die Welt, um den Vater zu offenbaren, uns durch sein Sühneopfer mit Gott zu versöhnen und uns zu lehren, wie wir leben sollen. Er kam auch, um die Werke des Teufels zu zerstören, und er hat uns den Auftrag gegeben, das gleiche zu tun.

> »Es war eine kleine Stadt, und wenig Männer waren darin. Gegen die kam ein großer König, umzingelte sie und baute große Belagerungswerke gegen sie. Aber es fand sich darin ein armer weiser Mann, der die Stadt durch seine Weisheit hätte retten können .« (Prediger 9,14.15)

Dieser weise Mann könntest du sein.